任性出版

世界為什麼是現在這樣？

現代史は
地理から学べ

中國為什麼非要占領臺灣？
俄羅斯打烏克蘭的真正理由？以巴衝突真的無解？
打開地圖解釋歷史，世局演變你早能預見

日本地理學會獎得獎者、
升東大地理科補教名師
宮路秀作──著
郭凡嘉──譯

Contents

推薦序　這個世界是如何形成的？又是如何變成現在這樣？／鄭俊德　007

第一章　歷史是誰決定的？地理知道　011

1　我用地理角度解讀世界局勢　013
2　地理學不等於地緣政治學　019
3　把地球拉遠又拉近　023
4　這是預測未來的能力　039

第二章 難以隱藏的爭奪野心 045
1 中國為什麼一定要拿下臺灣？ 047
2 俄羅斯入侵烏克蘭的理由 057
3 想打垮美國？破壞巴拿馬運河 067
4 寮國、巴基斯坦、斯里蘭卡的港，都有中國野心 071
5 斯洛維尼亞加入歐盟，讓俄羅斯心急 081
6 和瑞士並列的永久中立國——奧地利 091
第三章 宗教與民族紛爭，幾代都無解 099
1 巴勒斯坦問題，真的無解嗎？ 101

2 為了水資源，以色列與約旦可以手握手 119
3 去維吾爾化的動機 123
4 亞美尼亞和亞塞拜然，世紀惡鄰 131
5 阿富汗現代史，難民的歷史 141
6 塞爾維亞與科索沃——巴爾幹半島火藥庫 149
7 喀什米爾，印巴之戰的最後舞臺 157
8 孟加拉——因巴基斯坦政府無作為而建國 165
9 羅興亞人——不被承認的國民 173
10 回顧波斯灣戰爭 181

第四章 世界為什麼是現在這樣？ 197
1 氣候和多元文化，創造出矽谷奇蹟 199
2 為了賺大豆生意，巴西出賣了雨林 205
3 斐濟，印度裔占四成，卻只分到二%地 211
4 突尼西亞政變，起因是缺糧？ 215
5 東協，因「反共」而聯手 221
6 簽訂貿易協定，是福還是禍？ 225
7 為了爭石油，外國介入奈及利亞內戰 229
8 南非種族隔離政策，冷戰結束才廢止 239
9 南美洲，全世界五〇%以上的鋰礦蘊藏於此 251
10 單一作物經濟，是利還是弊？ 257

推薦序
這個世界是如何形成的？又是如何變成現在這樣？

閱讀人社群主編／鄭俊德

如果你經常關注國際新聞，應該會覺得世界總是亂糟糟的，好像隨時會爆發世界大戰。從俄烏戰爭的衝突到以巴戰爭的發展，以及北韓常以飛彈等發動軍事挑釁，再到中國的通貨緊縮、臺灣的立法院政黨攻防、美國的治安危機，這些新聞令人心煩，讓人不禁感嘆——為何世界這麼亂？

曾有記者問愛因斯坦對於戰爭的看法，他回應：「我不知道第三次世界大戰會用什麼武器，但第四次世界大戰的人類一定會使用石頭和木棒。」

這個世界是如何形成的？又是如何變成現在這個模樣？

我曾讀過《槍炮、病菌與鋼鐵》（*Guns, Germs, and Steel*）以及《西方憑什麼》（*Why the West Rules for Now*），這次再讀《世界為什麼是現在這樣？》，都能看見世界形成的共同點，那就是**「地理」決定了一個國家的形成**。山脈、河流、沙漠和海洋等自然地理特徵形成了明顯的邊界，將人們分隔成不同的群體。這些邊界有助於定義不同的領土範圍。水源、肥沃的土地和礦產資源等因素，會促進特定地區的發展。

歷史上的戰爭和征服經常重新劃定領土邊界，建立或瓦解國家。不過，即使偉大如亞歷山大大帝，在三十歲時建立了疆域最大的帝國，或第一位大汗成吉思汗幾乎戰無不勝，攻占了整個歐洲，但他們過世後不久，領地依舊分裂成多個國家。很大的原因是地理區隔，使得統一治理的發展本身就是天方夜譚。

本書從東方的思維，客觀看待東亞的現況以及全球的變局。書中更提到中國一定要拿下臺灣的原因、俄羅斯入侵烏克蘭的理由，及其背後難以隱藏的爭奪野心。另外，宗教與民族紛爭，幾代都無解的課題，如巴勒斯坦、以色列、去維吾爾化、阿富汗、羅興亞人等，這些國際難題應該會延續到下個世紀。

當然，我身為臺灣人，會被自己國家的內容吸引，想好好了解作者如何解讀臺灣的現況與危機，以及在地緣政治的風險下，有什麼樣的解答之道。

中國為什麼一定要拿下臺灣？書中提到中國高呼「一帶一路」的口號與行動，希冀能對外發展經貿的重要戰略「絲綢之路經濟帶」及「二十一世紀海上絲綢之路」。倘若中國想達成「一路」的目標，就少不了臺灣。

但從日本和歐美各國的立場，以及不想讓中國建立起「一路」的國家來說，臺灣絕對不能落入中國手中。因此，每個國家都有各自的意圖，也讓臺灣成為世界關注的衝突熱點。

然而，中國若只靠戰爭來占領臺灣，須付出極大代價。因此，近年來中國使用了許多商業手段，以經濟戰、網路戰帶來文化與經貿上的影響，因為買臺灣比打臺灣所付出的代價更小。

世界為什麼是現在這樣？未來的世界又會怎麼樣？你都可從這本書中，透過作者白話易懂的解讀，獲得很好的啟發。

第一章

歷史是誰決定的？地理知道

1 我用地理角度解讀世界局勢

我想先開門見山的問各位一個問題。各位認為「史實」這個名詞，是什麼意思？自古以來流傳下來的傳說，是事實嗎？還是記錄在古書當中的文字，才是事實？

確實，在推斷史實時，這些東西可以拿來參考。從古至今人們都是這樣說的，所以就是這樣吧？古書當中是這樣記錄的，所以就是這樣吧？且如同「歷史是由勝利者書寫」這句話所說，史實很有可能會因為後人的利益，而被加以刪減或置換。

如果真是這樣，我們還有其他方法可以了解史實嗎？我認為，**讓歷史更加接近事實的方法，就是「地理學」**。

因為地形、氣候、地點等地理條件，並非按照誰的方便或利益就能更動。當然，和恐龍生存的時代比較起來，由於火山噴發、大陸漂移和海平面變動等因素，現今地球陸地的形狀一定有所不同。此外，也由於地球暖化，造成海平面上升等變化。但至少**在論述現代史時，地理條件不變，而且也是不可動搖的條件**。

舉例來說，日本無論是平安時代、鎌倉時代還是江戶時代，甚至是現在的令和時代，富士山的位置都是不變的。假設過去的執政者說：「我們把富士山當成是在京都吧！」大家立刻知道這是個謊言。

正因為如此，為了理解歷史，我們須了解成為歷史舞臺的地點——地理。**在審視歷史時，多加上「地理」的角度，就能超越單純的解釋，更接近事實**。

讓我舉個例子。

一五八二年，羽柴秀吉（後改名豐臣秀吉）獲知織田信長因本能寺之變而自殺，為了順利和毛利氏議和（原本羽柴秀吉奉織田信長之命征討中國地方的毛利氏），因此火速的從備中高松（今岡山縣岡山市）行軍到山城山崎（今京都府乙訓郡大山崎町），為一則知名的故事。

（按：此行動稱為「中國大返還」。一五八二年，即將統一日本的戰國大名織田信長，準備和重臣明智光秀前往中國地方支援羽柴秀吉的途中，於京都本能寺遭到光秀謀反。光秀討伐信長及其後繼者織田信忠，並逼兩人自殺。羽柴秀吉接獲本能寺之變的消息後，迅速與毛利氏議和，率領部隊在僅七天內完成自中國地方至京都的行軍。該軍隊在隨後贏得對明智光秀的討伐戰，史稱山崎之戰。）

這個時候，羽柴秀吉究竟在想什麼？想必是一面想著，長久以來服侍且尊敬的織田信長去世的消息，一面流著淚，一心想打倒明智光秀，而朝著京都前進——這就是歷史的解釋，也可以說是人們創造出來的佳話。

那麼這趟「中國大返還」的地理事實又是什麼？

羽柴秀吉軍隊大約用了十天的時間，前進了約兩百三十公里（見第十七頁圖表1-1），以現今新幹線的時速來說，大概是行駛一個小時的距離。儘管將鎧甲等的搬運委託給他人，只是一身輕鬆的疾走，但畢竟是超越兩萬大軍的行軍，若要說是達成「歷史的偉業」、「奇蹟」也不為過。

圖表1-1是使用了我可靠的夥伴「地理院地圖」製作出來的地圖（按：地理院地圖為日本國土地理院提供的服務，可讓使用者查看地圖、空拍照片等。國土地理院是日本國土交通省設立的特別機構，主要負責日本國土測繪工作）。

將羽柴秀吉的中國大返還路線，**用不同灰階的顏色標註海拔零公尺、兩公尺、五公尺、十公尺、二十五公尺後，會發現秀吉很精準的避開了山路**。只有一個地點是山路，也就是無法避開的高松城和姬路城之間的山脊（船坂峠），不過配合文獻查看，也能發現他們只花了兩天的時間，就通過了此地。

這是因為，在抵達姬路城之前的路上充滿了敵人。然而只要到了姬路，接下來只要協商或談判，這些武將就有可能成為友方。也因此他們成功越過了高松到姬路的山脊。

「獲知本能寺之變的秀吉，一面流淚、一面朝著京都前進，目標打敗光秀。」這就是我在前面提到的，只不過是歷史的解釋罷了。

「獲知本能寺之變的秀吉，花了約十天的時間從岡山移動到京都。」光聽

圖表 1-1 中國大返還的路徑

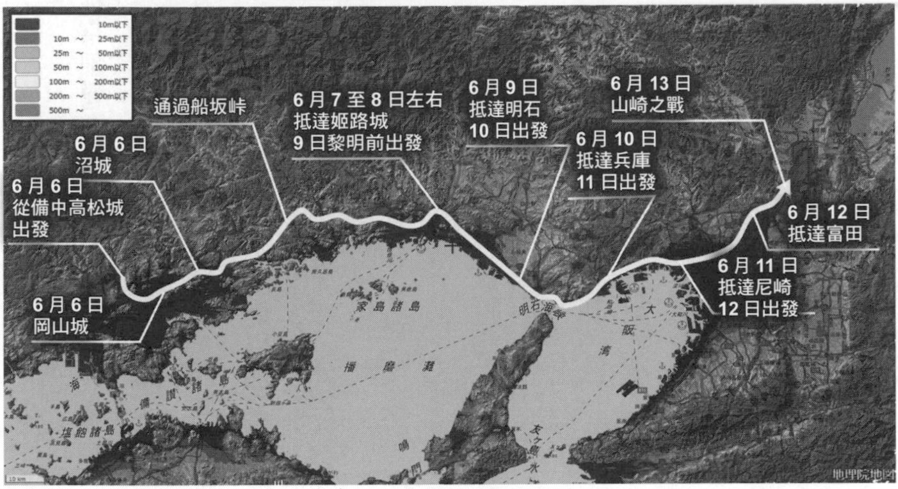

▲ 配合地形來看秀吉軍隊通過的路線，能看出他們多麼小心的避開山路，以更快抵達京都。

（資料來源：在地理院地圖上加上中國大返還的路線。）

到這樣的事實，或許有很多人只會想「是喔」，就算是搭配「移動距離是兩百三十公里」這樣的資訊，大概也只能想像一下「這以當時來說，還算滿厲害的」就結束了。

不過**如果把秀吉的軍隊通過的路線，配合地形來看，就能描繪出他們是多麼拚命的通過最初的山脊，之後又多麼小心的避開山路，一**

路往京都邁進。

創造歷史的，還是有感情的人類。**而從地理的事實來看歷史，更能看出人類在一件事發生當下的情感**，因此能更加深入的理解歷史。

配合地理來解讀，就能更加真實的了解歷史上，哪些事是如何發生的。我在本書中，會聚焦於現代史，和大家一起踏上知性冒險之路。

2 地理學不等於地緣政治學

提到「地理學」，大家會認為這是一門探求什麼的學科？你可能會回答：聚焦在各個國家與地區的自然環境，並分析其社會、經濟、文化的學科。沒錯。若要再加上一點，那麼就是從地理的條件來解讀政情。

如此解釋的話，大家的腦海裡，似乎會出現「地緣政治學」（Geopolitics。按：日文漢字為「地政学」）這個詞。該詞在近幾年特別流行，在書店裡都可看到歸類為「地緣政治學」的展示架，但沒有「地理學」的展示架，就算有，也沒有什麼存在感。

過去，我也不曾深入思考地理學和地緣政治學這兩者的差異，在自己寫的書籍當中，也曾使用過「地緣政治學」這個詞。不過，我現在卻會很明確的將這兩個詞區分開來。

事實上，**地緣政治學是第二次世界大戰以前，瑞典的地理學家所提出的概念**。其中最重要的關鍵是「可容納人口」，也就是一塊土地可以住多少人。而利用這個理論的，就是希特勒（按：希特勒上臺擔任德國總理後，生存空間〔Lebensraum〕成為納粹主義的意識形態原則）。

「德國的人口已超過可容納人口，因此要攻打其他國家，擴張領土」——希特勒就以擴大德國人生存空間這樣的「正當理由」，命令納粹德國併吞波蘭，並企圖將整個東歐納入囊中。

這樣的想法，影響了當時和德國有同盟關係的日本。正巧當時日本因諾門罕戰役（按：一九三九年，日本帝國和蘇聯發生在當時的滿洲國與蒙古人民共和國的邊界戰爭。結果為日本關東軍失利、蘇聯獲勝），必須放棄進攻北方，因此只能開始把目標朝向南方。

日本為了達成目標，就須取得當地的地理資訊。因此在「八紘一宇」（按：日本帝國第二次世界大戰時期的國家格言，宣傳部門解釋是「天下一家、世界大同」的意思，但實質上是服務日軍的侵略擴張政策）的思想下，京都大學地理學教室等地理學的學者們，在收到軍隊的命令後，開始研究地緣政治學。

也就是說，日本的地緣政治學，是為了在戰爭中利用地理學而出現的概念。如果要使用這層嚴謹的意思來解釋，那麼我們每天在教學生的，還有在這本書裡要和各位一起探討的，就不是理論上的地緣政治學。

我會從各式各樣的地理條件來解讀現代史，以地理這項不可動搖的條件來輔助，超越單純的解釋，來貼近事實。透過這本書，我希望各位能了解，地理學就是能達到這個目的的工具。

3 把地球拉遠又拉近

地理學首先要探討的對象就是地球。接下來則是地區。

地形（包含海底）是如何形成的？因為這樣的地形，引起了什麼樣的現象？以這樣廣角的視野去聚焦個別的國家和地區時，**就能看見各個社會、文化、經濟、政治的狀況**。

像這樣以宏觀與微觀的角度交互來觀察，也就是將地球各地區拉遠再拉近來看，累積起普遍的事實來理解歷史，或預測未來，就是地理學的基礎。宏觀和微觀，並非其中一個才是正確的，而是以不同的規模來看，可以看到不同的東西。

以下有幾個例子，讓我們用地理學來做個考察。

圍繞在太平洋周圍，有一圈「環太平洋火山帶」。或許有人還記得，曾在地理課上學過。讓我們用微觀的角度，來看看這個宏觀的狀況。

火山帶是位於板塊交界處的變動地帶，存在於上方的國家或地區，有許多的火山，或經常發生地震。

通常從地圖上來看，地球就是單純的陸地與海洋。光看地圖只會覺得，地震就是不知道會發生在哪裡的災害，也就是偶然的厄運。但如果**加上「板塊」這個地理條件的角度**，就算沒有人特別教你，你也立刻會知道，頻繁發生地震的國家有哪些。

從地理得知，哪裡是地震頻繁的地區

先試著看看左頁圖表1-2的地圖，指出「地震好像很多」的地區。關鍵就是前面提到，**「位於板塊交界正上方的土地，很容易有地震」**這個地理事實。

首先，日本是地震頻繁的國家，這是日本人透過經驗得知的事。然而，這

圖表 1-2　地球表面上的主要板塊分布

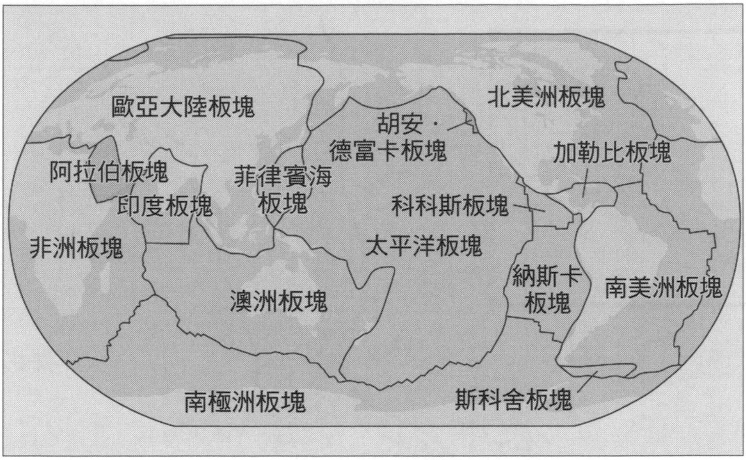

▲ 由於「位於板塊交界正上方的土地容易有地震」，因此可從地球表面上的主要板塊分布推測，「地震好像很多」的地區位於何處。

（資料來源：廣島大學中久喜伴益先生的網頁刊載圖〔http://geophys.hiroshima-u.ac.jp/nakakuki/plate_mantle/pm1.html〕。）

是因為**日本列島的位置，正巧橫跨在四個板塊之上**（見下頁圖表1-3）。

當大陸板塊與海洋板塊碰撞，像太平洋板塊、菲律賓海板塊這類比重較大的海洋板塊，會隱沒於歐亞大陸板塊、北美洲板塊這類比重較小的大陸板塊下，形成海溝。當板塊相撞，

圖表 1-3　日本列島正橫跨在四個板塊上

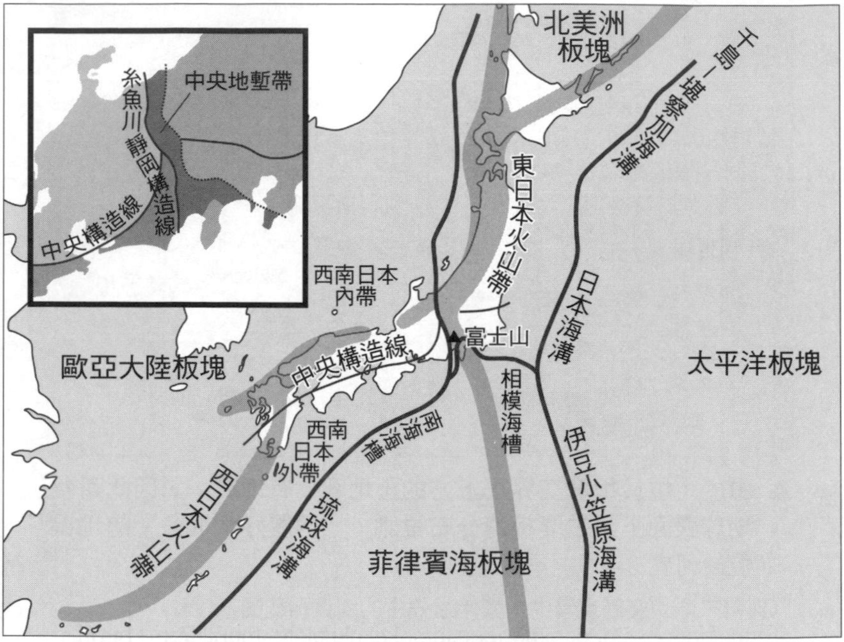

（資料來源：《令人大開眼界的地理課〔地方志篇〕》。）

容易觸生地震、形成火山。

當下沉的海洋板塊到達深約一百公里以上的地方，在地下深處形成的岩漿就會往上升（按：由於岩漿密度較低，會因浮力的作用上升），陸地便會隆起，這就是火山（見左頁圖表1-4）。現在的日本列島就是這樣形

圖表 1-4　板塊擠壓造成火山活動

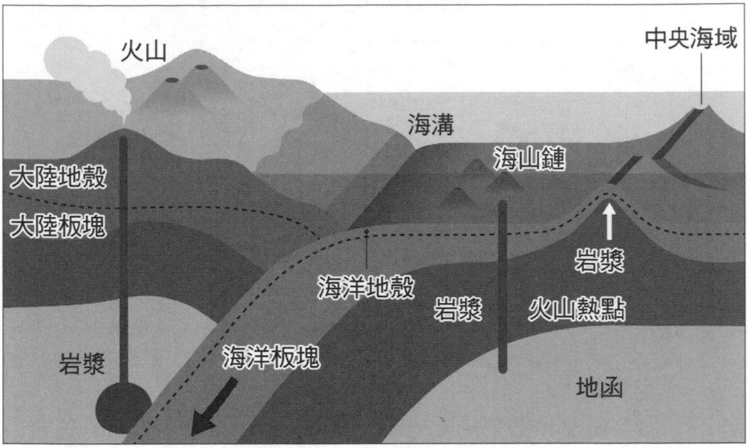

（資料來源：《令人大開眼界的地理課〔系統地理篇〕》。）

成的，而日本列島地震發生的次數和活火山的數量，以全世界規模來看，都是數一數二的多。

日本的國土面積，占全世界陸地面積僅〇・二五%。儘管如此，二〇一〇至二〇一九年這十年間發生規模（按：地震規模是用來描述地震大小的指標，依地震釋放的能量而定，臺灣以芮氏規模〔M_L〕表示，日本以日本氣象廳地震規模〔M_j〕表示）六・〇以上的地震，在全世界一千四百九十六次當中，就有兩百六十二次發生在日本。以比率

圖表 1-5　世界地震的發生地，多位於板塊交界處

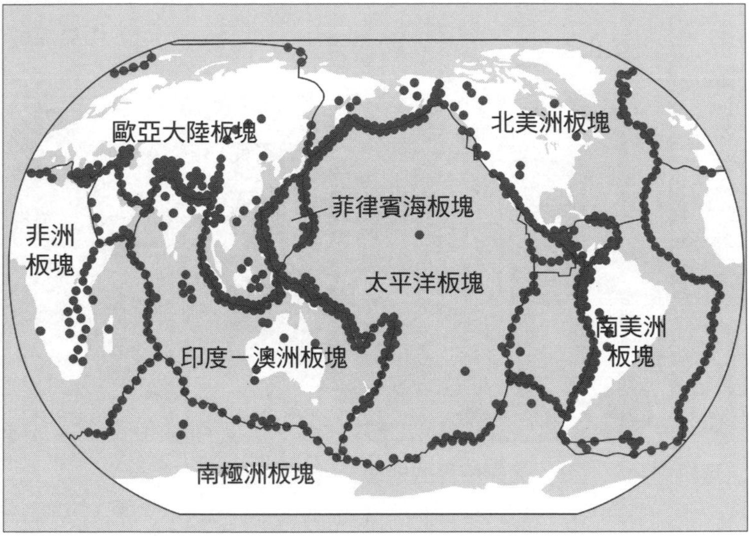

（資料來源：《令人大開眼界的地理課〔系統地理篇〕》。）

來說是一七．五％——由此可見，日本人生活在多麼嚴苛的自然環境之下。

日本四周環繞著海洋，充滿綠色植物，身處這樣的「大自然」中，同時也不知道什麼時候會面對大災害。

那麼，我們也來看一下圖表1-5上，哪裡容易有地震。用手指描著地圖上板塊交界處的人，都可說是答對了。

二〇二三年二月六

日，土耳其東南部發生了大地震，震央在加濟安泰普，從土耳其東南部到敘利亞西北部都出現了很大的災情。

敘利亞仍處於戰亂中，因此不清楚地震的詳細訊息，但光土耳其，就大約有一千四百萬人因此失去住所，死亡人數高達五萬人。

對於現在正在閱讀這本書的各位，讓人最記憶猶新而心痛的大規模自然災害，正是這場地震吧？因此我要對這個地區有多麼容易發生地震，做更深入的解釋。

土耳其也是位於板塊交界處，該國家位於安納托利亞板塊，周邊有歐亞大陸板塊、阿拉伯板塊、非洲板塊、愛琴海板塊。

現在阿拉伯板塊與非洲板塊分離，兩個板塊之間形成了紅海，而這也代表紅海的位置是在板塊的界線上。

阿拉伯板塊向東北方移動，撞上歐亞大陸板塊，形成了札格洛斯山脈。而板塊撞擊的時候產生了褶曲構造，因此波斯灣周邊蘊藏了很多石油。

土耳其所在的安納托利亞高原，幾乎位於安納托利亞板塊上，其東南方的阿拉伯板塊向北擠壓，在土耳其東南方的斷層累積能量。

土耳其和敘利亞的大地震，發生在橫跨東南部的東安納托利亞斷層，沿著斷層，大約有超過一百九十公里左右的範圍發生了錯位。

此外，震源的深度只有十八公里，算是淺源地震，因此損失相當慘重。地震發生後僅五分鐘，在丹麥也觀察到了地震，八分鐘後格陵蘭島也有觀測到地震的資訊，因此推測這場地震的規模，比起引發日本阪神－淡路大震災的兵庫縣南部地震，還要大二十倍以上。

左頁圖表1-6是以東京為中心，畫出一百九十公里等距圈的圖，我們可以看到這個距離包含了非常廣大的範圍。**如果土耳其和敘利亞大地震在日本發生，那麼從東京到長野縣這整個範圍，都會感受到劇烈搖晃**。

北安納托利亞斷層位於安納托利亞板塊和歐亞大陸板塊北邊之間，其東西長度長達一千兩百公里。

安納托利亞板塊的移動速度，相對歐亞大陸板塊，大約是每年二十至二十五毫米。看起來似乎不是很快，但經長年累月，也會造成歪斜，因此土耳

圖表 1-6　以東京為中心，向外 190 公里的等距圈

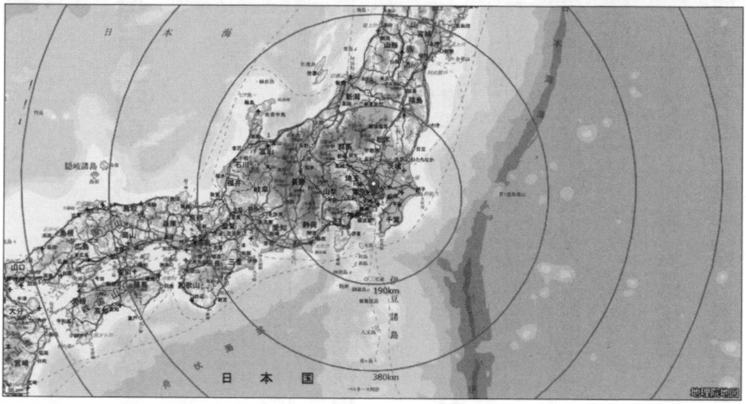

▲ 如果土耳其和敘利亞大地震在日本發生，那從東京到長野縣這整個範圍，都會感受到劇烈搖晃。

（資料來源：作者使用日本國土地理院的電子地形圖 25000 資料庫製作而成〔按：電子地形圖 25000 是由日本國土地理院製作，1：25000 比例的地圖資料庫〕。）

其的北部和東南部有很大的斷層。

此外，安納托利亞板塊的西側有愛琴海板塊，而土耳其西部位於這兩個板塊的邊界，因此也會發生地震。

一九〇〇至二〇〇三年之間，出現死者、規模在六以上的地震，共計有七十二次。幾乎是平均一年半就會發生一次。而規模在七．〇以上的地震，就發生了十四次。頻率幾乎是七年一次。

為何墨西哥城大氣汙染如此嚴重？

為了讓各位了解「如何使用」地理學，我們來看看，另一個也是位於板塊邊界的地震頻繁國家——位於中美的墨西哥。了解「地理條件」這些普遍性的事實，就能看見墨西哥的實際樣貌。

1. 墨西哥位於環太平洋火山帶，是火山很多、地震頻繁的國家。

2. 位於造山帶，海拔較高。尤其墨西哥城位於墨西哥盆地中央，被海拔三千至四千公尺的山和火山圍繞。墨西哥城本身的海拔，是最低兩千兩百公尺至最高三千九百三十公尺。

3. **海拔高，代表氧氣稀薄。空氣稀薄容易造成汽車的汽油燃燒不完全，會排放出較多的一氧化碳。再加上是被群山環繞的盆地，**這樣的地理條件讓髒汙的空氣無處可逃。

因此，墨西哥城可說是世界上少數大氣汙染相當嚴重的城市。或許你也曾聽過有人說：「墨西哥城的空氣汙染很嚴重。」不過光是這一句話，就只是了解單一個都市的狀況而已。

但如果明白了「位於地勢很高的盆地都市，會因為汽車的汽油燃燒不完全，排出的一氧化碳容易滯留，造成嚴重的空氣汙染」這樣的因果關係，就能更深入的理解墨西哥城的大氣汙染情況。

只要理解了事物的本質，就能簡單的聯想到，在類似條件下，很有可能會出現相似的問題。只要具備從地理條件檢視的角度，在一塊土地上看到的情況，也可以套用在類似條件的另一塊土地上。如此一來，就可以將個別的具體狀況普遍化、一般化，以了解事物。

例如，當我們看到與墨西哥城一樣是海拔很高的盆地都市時，就能推測這裡的大氣汙染或許也很嚴重。

墨西哥與土耳其有什麼共同點？

另外，說到墨西哥，這個國家與其他五十個國家簽訂了自由貿易協定（Free Trade Agreement，簡稱ＦＴＡ。二〇二三年五月資訊），這也算是與周邊國家比較時，較為突出的特色。那麼，為什麼墨西哥要致力於發展貿易？只要看看地圖，就能對墨西哥在地理上具備的優勢一目瞭然。

如大家所見，**墨西哥位處北美大陸細長的部分，連接太平洋和大西洋，地理位置很便利（見左頁圖表1-7）**。墨西哥之所以會致力於發展貿易，就是因為想活用這樣的地利之便，來達成經濟的進步。

「海路」在貿易上，是不可或缺的通路。連接多個海域的國家，在貿易上相當有利，可說是掌握了關口。有些國家須通過這些關口，才能出口到其他國家，因此掌握關口的國家，就能擺出強硬的態度。

你還會想到哪些和墨西哥擁有相同地理條件的國家？

比方說土耳其。土耳其過去以鄂圖曼帝國君臨世界，到了今天，即使是個

圖表 1-7　墨西哥位在太平洋和大西洋之間

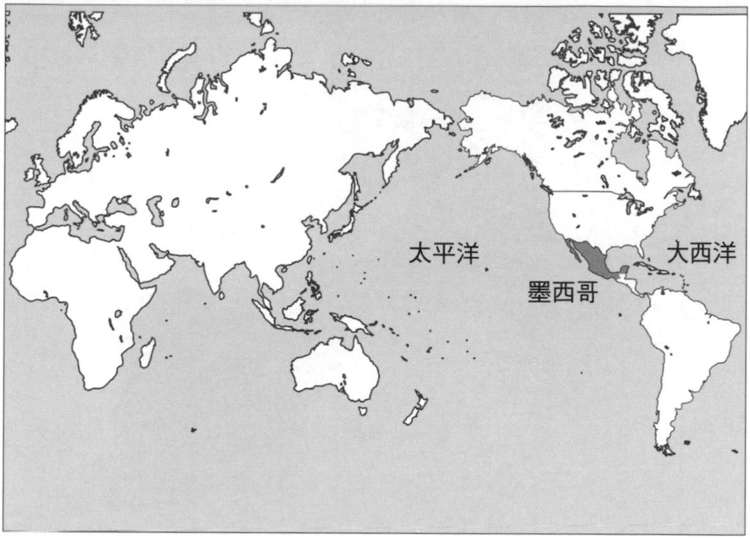

▲ 墨西哥位於連接太平洋和大西洋的位置。

小國，但在歐洲當中，發言還是很有分量。這就是因為土耳其擁有黑海到馬爾馬拉海，以及馬爾馬拉海到地中海的兩個海峽。

根據《蒙特勒海峽制度公約》，土耳其擁有博斯普魯斯海峽、達達尼爾海峽的主權。也就是說，土耳其掌握了從黑海到地中海通商道路的鑰匙。

那麼，有哪些國家會重視從黑海到地中海的通商道路？

圖表 1-8　土耳其周圍國家的地理位置，影響彼此經濟

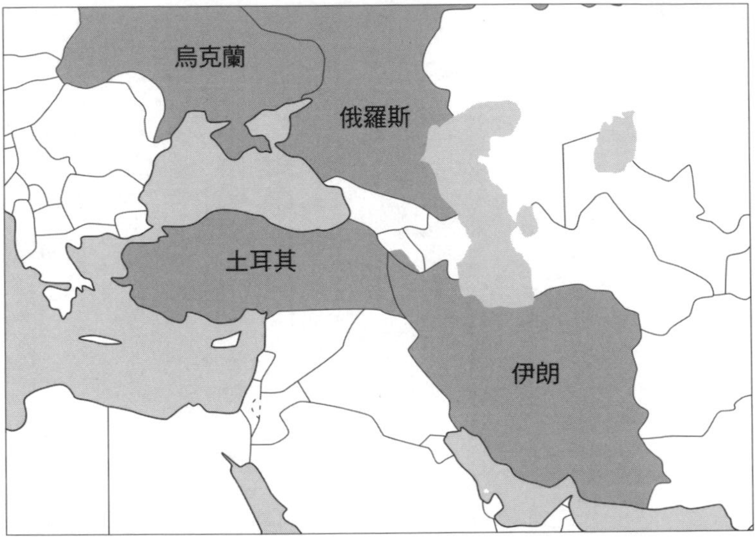

▲ 俄羅斯與烏克蘭生產的小麥，會通過土耳其掌管的兩個海峽，出口到埃及。

答案是**俄羅斯和烏克蘭**。這兩國是全球主要的小麥生產國、出口大國，**最大的客戶就是渡過黑海、出了地中海後立刻就能到達，且國家人口有一億的埃及**。通過土耳其的兩個海峽後，出口小麥到埃及，對俄羅斯和烏克蘭的經濟來說非常重要（見圖表1-8）。

目前世界正因為

俄羅斯侵略烏克蘭而產生了動搖，**但由於土耳其掌握了小麥出口的路線，因此俄羅斯並不希望刺激土耳其**。事實上，土耳其也是俄羅斯的小麥出口國之一。

換言之，**如果有國家可以擔任俄羅斯和烏克蘭之間的調停者，協助阻止戰爭的話，那個國家既不是歐美各國，也不是中國，而是土耳其**。

不過，俄羅斯還有另一個出口的管道。讓我們再看看地圖……沒錯，俄羅斯可以不透過黑海，而是改由裏海向伊朗出口小麥。

人口約八千八百萬的伊朗，雖然不及埃及，但確實也是相當大的市場。因此對俄羅斯來說，須和伊朗維持良好的關係。

二〇二一年九月，伊朗以觀察員的身分參加上海合作組織，並被許可正式加入，可說是多虧了俄羅斯的引薦。另外，俄羅斯也在裏海的西北部建設了療養地，據說是計畫吸引伊朗的觀光客。

這些作為，都可以看成是俄羅斯想和伊朗加強關係所做的盤算。

像這樣將地球各地區「拉遠」再「拉近」來看，提高空間辨識能力後，我們對世界各地的歷史、文化、政治和經濟的理解力，也會隨之提升。地理學就是如此提升人們用自己的頭腦思考、建立假說並驗證的能力。

不過，如果你認為地理學似乎很萬能，**就輕易的將某項地理條件和某種現象單純的連結在一起，那很有可能會落入「環境決定論」的陷阱中**。

這個世界很複雜，各式各樣的因素纏繞在一起後，創造出一個現實。

從圓柱的上方來看是圓形，從側面來看卻是長方形，如果能抱持著一個前提——用多重視角來觀察事物，那就不會陷入武斷的思考方式。以各式各樣的角度來看世界時，也不可少了地理學的視角。

4 這是預測未來的能力

歷史往往會被描寫成有如震撼的戲劇一般。如果是歷史小說，那倒還可以接受。但若想貼近歷史真相，使用這種像戲劇一般的方式描寫，並不是好方法。因為人的注意力很有可能都專注在故事上，反而錯過了本質。

所謂的歷史是一種無可動搖的累積，也就是說，歷史是各個時代的地理的堆疊。

當然，歷史是由人類創造出來的，過去所有的事物，都是透過每個時期當下的為政者等主要人物，其思想和判斷來運作。我並不否認那些認為「這就是學習歷史的精妙所在」的看法。

不過，我希望各位不要忘記，**所有的判斷，都和地理條件這個無可動搖的**

事實有關。

日本有著日本的地形和氣候等不可動搖的地理條件，在這樣的條件之上，為了壯大自己所屬的群體，拚命的累積當下的決斷，造就了所謂的人類歷史。

因此，地理學本身並不是「知識」，而是獲得知識的一種手段。透過地理學這個工具，**就能更深入理解過去發生了什麼，以及當下正在發生的事，甚至可以習得預測未來的能力**。

將焦點放在地理條件上，就能看見在這片土地發生了什麼事。

例如，紐西蘭的北島南部有南緯四十度緯線通過，位於偏西風帶的位置。**紐西蘭主要由兩大島嶼組成**，檢視一下分層設色地形圖（見左頁圖表1-9），會發現**北島較為平坦，而南島從北到南都有群山連接**。

那麼如果偏西風吹向南島的話，會發生什麼狀況？

從西北方吹來的風，碰到山地會向上升，在迎風面形成雲，雲又會形成降雨。而背風側因為風會向下吹，因此相反的空氣會很乾燥。也就是說，紐西蘭南島的西部雨水多，東部雨較少。這也對植物的分布有很大的影響——**森林多**

分布於西側，草原多分布於東側（見下頁圖表1-10）。

紐西蘭的主要產業是酪農和牧羊，而林業也很有名。相信很多人聽過「在紐西蘭，羊的數量比人的數量還要多」這句話。現在再加上地形和氣候條件的資訊，相信你能更深入理解紐西蘭現在的狀況。

為什麼是酪農業？紐西蘭整體的降雨量很少，尤其是北島的草原廣闊，是適合酪農的牧草地帶，因此飼料不須特別準備，就能從大自然中獲得。此外，南島東部屬於山脈的背風側，降雨量很少，適合飼育羊隻。

關於紐西蘭的林業，該國家南島群山相連、充滿綠意——這是地理的條件，但要再加上一個因素來思考。

圖表 1-9　紐西蘭的地形圖

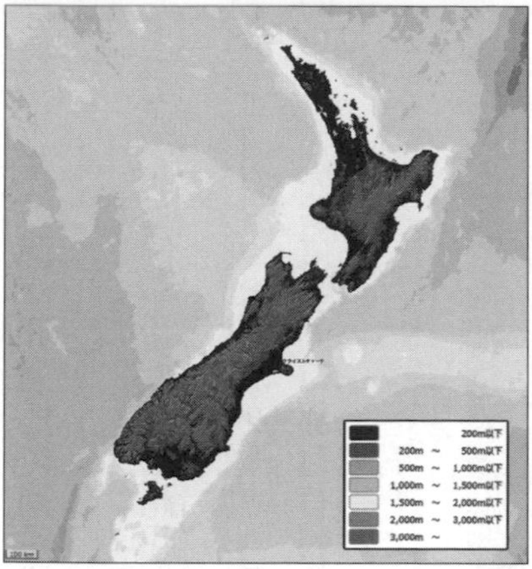

▲ 紐西蘭北島較平坦，南島有群山連接。

就算是森林資源豐富的國家，如果生產的木材都在國內消費完，就無法出口其他國家。

儘管國土並不廣闊，林業卻能成為紐西蘭的主要產業之一，是因為國內的木材消耗量小，可以出口的緣故。實際上，紐西蘭的人口僅大約五百萬人，木材的生產量供給這些人口都還有剩餘，因此在出口品項的排行榜上，就出現了「木材」。

那麼各位知道日本的大型造紙企業王子製紙，有在紐西蘭建設工廠嗎？

該工廠的位置，在紐西蘭北島東岸豪克斯灣的內皮爾（Napier）。從這個

圖表 1-10　紐西蘭的植物分布圖

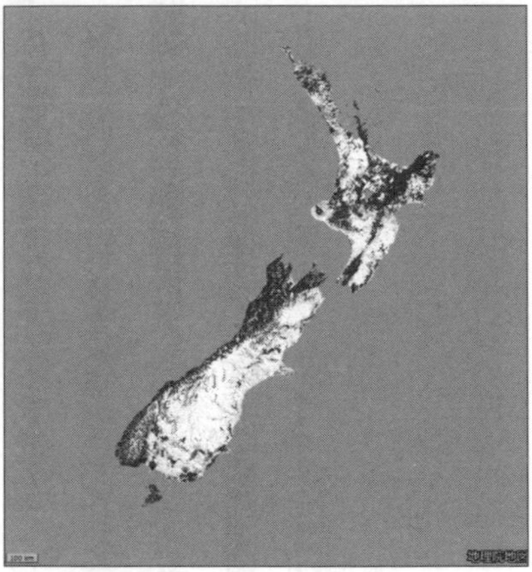

▲ 紐西蘭的森林多分布於西側，草原多分布於東側。

（圖表 1-9 與圖表 1-10 資料來源：作者使用日本國土地理院的電子地形圖 25000 資料庫製作而成。）

地名可以發現，王子製紙的面紙產品的商品名「Nepia」，就是從紐西蘭工廠所在地的地名發想而來。

這也是累積了地理條件的事實後，所看到的紐西蘭視角之一。

像這樣不斷「累積事實，看見視角」的練習，就能從地理條件中，自然的看見這個國家和地區的視角。只要學會地理學，就能有效且正確的獲得知識。

尤其是近幾年，各式各樣的ＧＩＳ（Geographic Information System，地理資訊系統）被開發。

舉例來說，日本國土交通省設立的國土地理院提供了「地理院地圖」服務，使用者只要簡單的操作，就可用不同顏色標示平面地圖的海拔、看一個地點到另一個地點的斷面圖，或觀察災害累積的紀錄等。

我在準備補習班課堂的講義、因個人的興趣查資料或做研究時，地理院地圖都是不可或缺的工具。如果你透過這本書對地理學開始產生興趣，請務必接觸一下，這項服務是免費的，相信你在接觸後會有很多新發現。

第二章

難以隱藏的爭奪野心

1 中國為什麼一定要拿下臺灣？

在二十一世紀的今天，殖民主義和帝國主義都成為遙遠的過去，但中國仍毫不隱藏對其他國家的野心。

中國對此所高呼的口號，是「一帶一路」的構想。「一帶」是指經由陸路進入歐洲；**「一路」是指透過南海進入太平洋，以及透過印度洋進入東非**（見第四十九頁圖表2-1。按：一帶一路全名為「絲綢之路經濟帶和二十一世紀海上絲綢之路」，是中國於二〇一三年開始倡議並主導的跨國經濟帶）。

倘若中國想達成「一路」的目標，就少不了臺灣。但從日本和歐美各國的立場來看，對不想讓中國建立起「一路」的國家來說，臺灣絕對不能落入中國手中。由於利害各異的各個國家，其各式各樣的意圖都聚焦在臺灣上，讓臺灣成為了當代的要衝。

臺灣處於中國「一路」的路線上

那麼實際上，如果中國企圖攻打臺灣，會發生什麼狀況？

中國和臺灣之間的臺灣海峽位於歐亞大陸板塊上，水深大約一百公尺。另一方面，臺灣東方海域位於菲律賓海板塊上，菲律賓海板塊是海洋板塊，所以該海域最深的地方，水深可達五千公尺。

因此臺灣周邊的海域，西邊和東邊的水深就差了五十倍之多。此事實意外的經常被人忽視。此外，在臺灣本島東部，還有**高達三千公尺的群山南北相連所形成的中央山脈**。

綜合這些地理條件，可推測中國打的算盤如下（見第五十頁圖表2-2）：

1. 首先征服臺灣，並**在臺灣東方海域部署核子動力潛艇**（簡稱核潛艇）。

圖表 2-1　中國一帶一路構想當中的「一路」

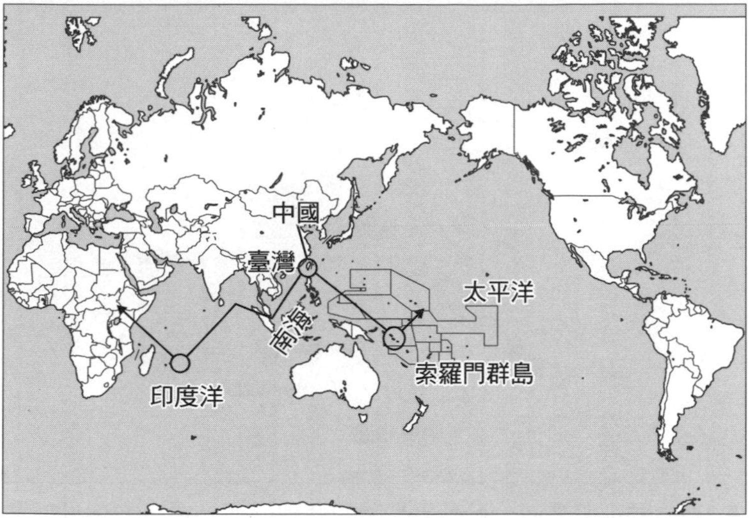

▲「一路」指透過南海進入太平洋，以及透過印度進入東非。

2. 在臺灣東部建設軍事基地，**陸地由中央山脈守衛、海域由核潛艇守衛，**建構完整的要塞。

3. 利用前面提到的兩點，一邊牽制他國（主要是美國），一邊開始建造從南海到太平洋，以及經過印度洋的「一路」。

4. 在臺灣本島東部建立據點後，在已簽訂《安全合作協議》的索羅門群島上建設軍事基地，以此地為進入太平洋的跳板。

圖表 2-2　假設中國征服臺灣

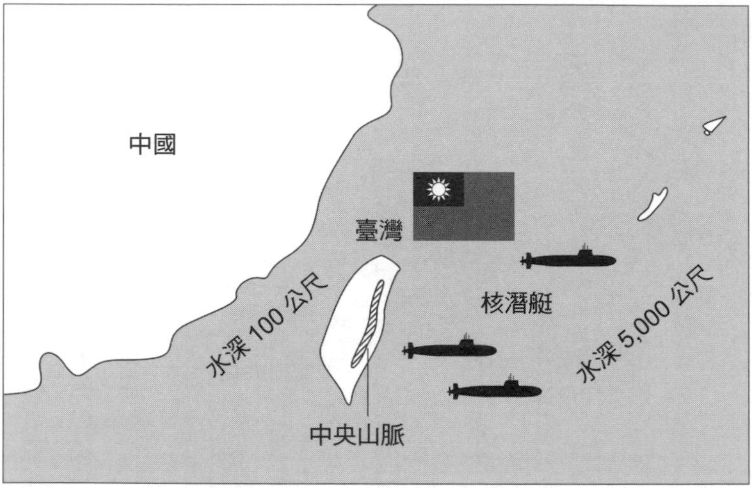

▲ 若中國征服臺灣，可善用臺灣的地理條件，在東方海域部署核潛艇；由中央山脈守衛陸地，在臺灣東部建設軍事基地。

想加深地理學方面的考察，不能只看陸路，也須看海路。臺灣這一個小島會背負要衝的宿命，也是因為位置正好處於中國「一路」的路線上。

如果一九四九年，蔣介石逃到對中國來說毫無戰略價值的海島上，那麼中國或許不會如此強硬的主張「一個中國」。

在了解中國可能存在的野心後，讓我們再次來看世界地圖（見第五十二頁圖表2-3）。

中國的「一路」構想當中，**臺灣，尤其東方海域是一個關鍵**，使一些國家坐立難安。

若中國奪取臺灣，首當其衝的兩個國家

在前面推測中國打的算盤當中，第四點提到「在索羅門群島上建設軍事基地」。這並不是單純的臆測——索羅門群島在二〇一九年九月和臺灣斷絕邦交，並和中國建立邦交，接著在二〇二二年四月簽訂《安全合作協議》。儘管索羅門群島姑且表示「不會讓中國在國內建立軍事基地」，但協議的內容包含「在維護社會秩序、保護人民生命和財產安全、人道主義援助、自然災害應對等領域開展合作」，而這段文字要如何解釋都可以。

這麼一來，就讓兩個國家突然產生了危機感。一個是位於臺灣和索羅門群島中間的帛琉共和國，另一個是距離索羅門群島一千五百公里的斐濟共和國。

圖表 2-3　帛琉共和國、斐濟共和國所處位置

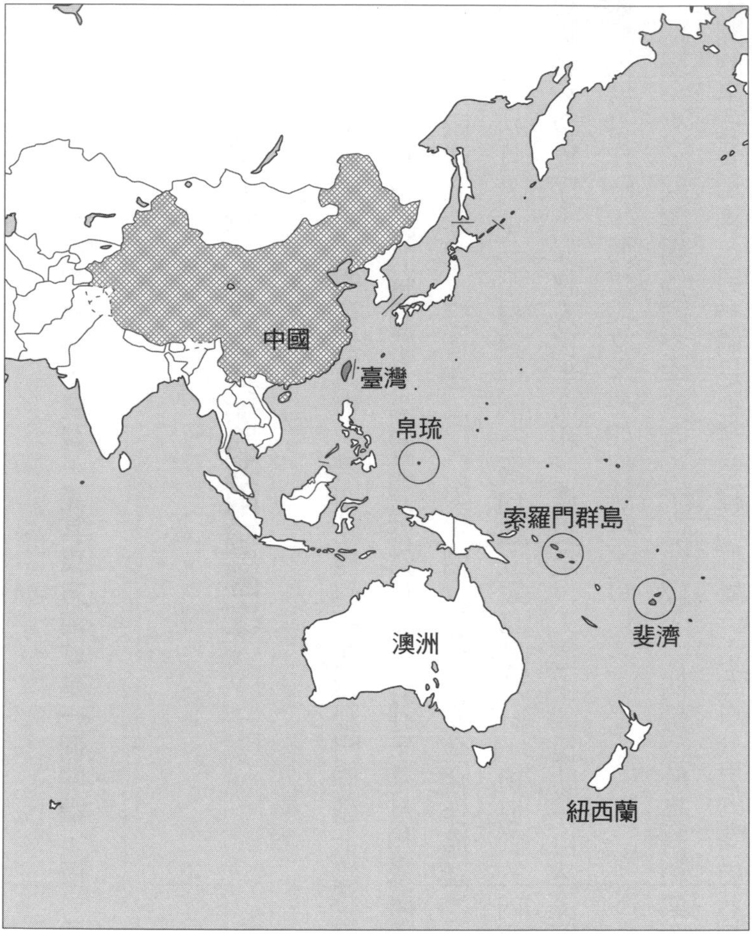

▲ 假設中國奪取了臺灣，並在索羅門群島建立軍事據點，那帛琉可能很快就會被中國併吞。

帛琉原本就是和臺灣有締結邦交的國家，尤其是近幾年，帛琉強烈表明支持臺灣的態度，並強化與美國之間的邦交。在二〇二一年就任的帛琉總統惠恕仁（Surangel Whipps Jr.），上任後首次海外出訪的地點就是臺灣，且美國駐帛琉大使也隨行。

這是為什麼？只要把前面提到中國的盤算，和帛琉的位置一起來思考，就一目瞭然——**假設中國奪取了臺灣，並在索羅門群島建立軍事據點，那麼很快的，帛琉也會立刻被中國納入囊中**。

若演變成這種情況，帛琉當然無法接受。因此，帛琉一邊支持臺灣：「臺灣加油！」一邊喊著：「美國，拜託你了！」加強雙邊友好關係。

如果單純看到過去「帛琉總統訪問臺灣」這條新聞，可能很多人只會說：「是喔。」或問：「帛琉在哪裡？」我的印象中，當時日本媒體也不太理解其中的重要性，所以沒有特別報導。

但從臺灣的地理條件來看中國的野心，檢視的角度就大不相同。

此外，二〇二二年四月中國與索羅門群島簽訂《安全合作協議》後，斐濟以政權交替為契機，表明了「我們站在美國這一方」的立場。

以美國來說，為了要盯著可能在索羅門群島建立軍事據點的中國，斐濟正是一個好地點。

美國有了斐濟這個據點，就很容易跟紐西蘭、澳洲合作。斐濟當然也知道這樣的狀況，且或許認為，只要主張自己的友好立場，就有可能讓美國提供經濟上的支援。而斐濟在過去是英國的殖民地，官方語言是英文。

在推出一帶一路的構想後，中國所計畫的，恐怕是把「在太平洋上的存在感」變成既定的事實，並最終與美國共同管理太平洋。為了達到這個目的，中國才會把一些乍看之下沒有什麼戰略價值的島嶼，逐一的納入支配之下。

有了這個視角後，我們可以用俯瞰大局的角度來檢視，中國為什麼會這麼勤奮的在南沙群島填海造人工島。

左頁圖表2-4上，畫了以南沙群島為中心的等距的同心圓弧線。此圖表表示：**一千公里圈內的範圍，包含了整個菲律賓；兩千公里圈內的範圍，則包含整個臺灣、部分的沖繩和東南亞。**

圖表 2-4　以南沙群島為中心的等距的同心圓弧線

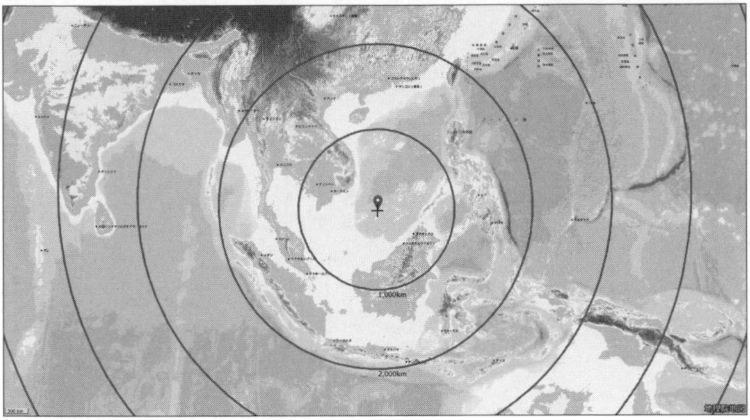

▲ 1,000 公里圈內的範圍，包含了整個菲律賓；2,000 公里圈內的範圍，則包含整個臺灣、部分的沖繩和東南亞。

（資料來源：作者使用日本國土地理院的電子地形圖 25000 資料庫製作而成。）

換句話說，**對中國來說，南沙群島首先是可以發動軍事威脅的地點：「我們隨時可以從這裡發射飛彈喔！」**接著，如果一帶一路的構想發展到實戰，這裡便成為重要的軍事據點。

臺灣本島東方的海域到太平洋，在各國的盤算下，現在正發生了什麼事？今後又有可能會發生什麼事？從地理條件的事實來看，我為各位讀者提供了其中一種解讀視角。

今後也請務必隨時留意，持續關注臺灣與太平洋的動向。

2 俄羅斯入侵烏克蘭的理由

基本上人類社會所發生的事，起因不會只有一個。

如果用「因為發生了A，所以造成B」這種思考模式來解釋任何事，就很容易理解，也讓人很安心。因此「說明簡而易懂」的人就很受電視節目歡迎，但透過電視將這樣的人的言論傳到世界各地，只會讓世界變得越來越單純化。

然而，事實上是有各式各樣的原因參雜在一起，產生了各種不同的事件，才形成我們生活的真實世界。

因此，當我們面對世界上發生的事時，為了接近真相、更加理解，就一定要多面向的思考。在這種時候能派得上用場的，就是從事實的角度，以地理學來掌握世界。

北約東擴，讓俄羅斯坐立難安

二〇二二年二月，俄羅斯入侵烏克蘭。**最常被提及的理由是「北約（北大西洋公約組織，North Atlantic Treaty Organization，縮寫為NATO）東擴，讓俄羅斯感到威脅」**，但這是真正的理由嗎？在這裡我們同樣須多方面的思考。

首先是街頭巷尾紛擾不休的「北約東擴」。

北約是建立於一九四九年的軍事同盟。當初的理念，誠如首任祕書長的言論「拉攏美國、排除俄國（當時是蘇聯）、壓制德國」所代表的意義，也就是「反共」。

第二次世界大戰結束後，德國分裂為東德和西德，蘇聯掌控了東側的勢力，大擺架子。為了不讓蘇聯，也就是共產主義的影響力波及到西側陣營，因此拉了一道防線。

一九九一年十二月，當蘇聯崩解時，**在蘇聯勢力之下的東側陣營各國，紛**

紛加盟北約，接著波士尼亞與赫塞哥維納、喬治亞、烏克蘭都希望加盟。

在下頁圖表2-5上確認一下，就會發現這對俄羅斯來說是不能忽視的狀況。「過去在自己勢力之下的各國，紛紛被西側陣營所吸收（糟了）；再不阻止的話，自己的存亡就危險了（真的糟糕了……）」，或許俄羅斯認為這是非常嚴重的狀況。但這也不能拿來當作蹂躪其他國家的理由。

烏克蘭的西邊，是歐盟

另外，我們也不能忽視和歐盟（歐洲聯盟，European Union，簡稱ＥＵ）的關聯性。世間的注意力都聚集在北約這個軍事同盟上，但一個國家會陷入危機，並不僅是軍事上的理由而已。甚至在現代，反倒是在經濟上、文化上「脫隊」的話，才會成為威脅自身存在的原因。

以這點來看，**歐盟涵蓋了整個歐洲的巨大經濟同盟，且共享資本主義、民主主義的價值，這對俄羅斯來說也是一種威脅**。因此，這也能視為侵略烏克蘭

圖表 2-5　蘇聯瓦解後的北約成員國、加入年以及希望加盟國

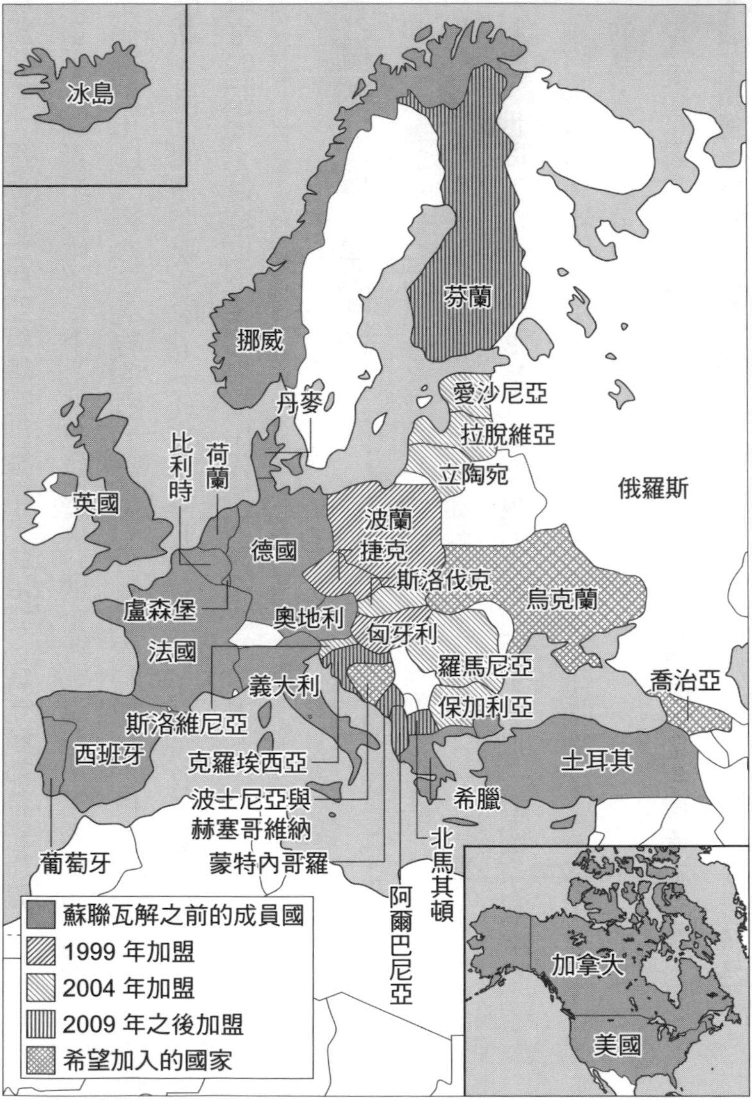

▲ 許多前蘇聯勢力下的國家，已加盟或希望加盟北約。

的其中一項原因。

過去在舊蘇聯影響下的各國，近幾年來都紛紛向歐盟靠攏。二〇〇九年，亞美尼亞、亞塞拜然、白羅斯、喬治亞、摩爾多瓦、烏克蘭和歐盟建立起「東部夥伴關係」（Eastern Partnership）的合作關係。創立這個合作關係的目的，是為了達成參與六國的政治與經濟的改革。

接著在二〇一四年，烏克蘭、喬治亞、摩爾多瓦這三國，又和歐盟簽訂了深入全面自貿區（Deep and Comprehensive Free Trade Area）。

也就是說，不僅是加入北約，烏克蘭也想加入歐盟，明顯的擺出了在軍事、政治和經濟方面更想擺脫俄羅斯的影響，加入西歐陣營的態度。

在我們知道了前面這些狀況之後，再來看看下頁圖表2-6。

烏克蘭的西邊有什麼？

波蘭？斯洛伐克？匈牙利？這些都沒錯，不過在俄羅斯的眼裡，恐怕看起來不是這樣的。**烏克蘭的西邊，是歐盟**。

儘管白羅斯加入了「東部夥伴關係」，但仍會受到俄羅斯強大的影響。這

圖表 2-6　歐盟成員國和烏克蘭

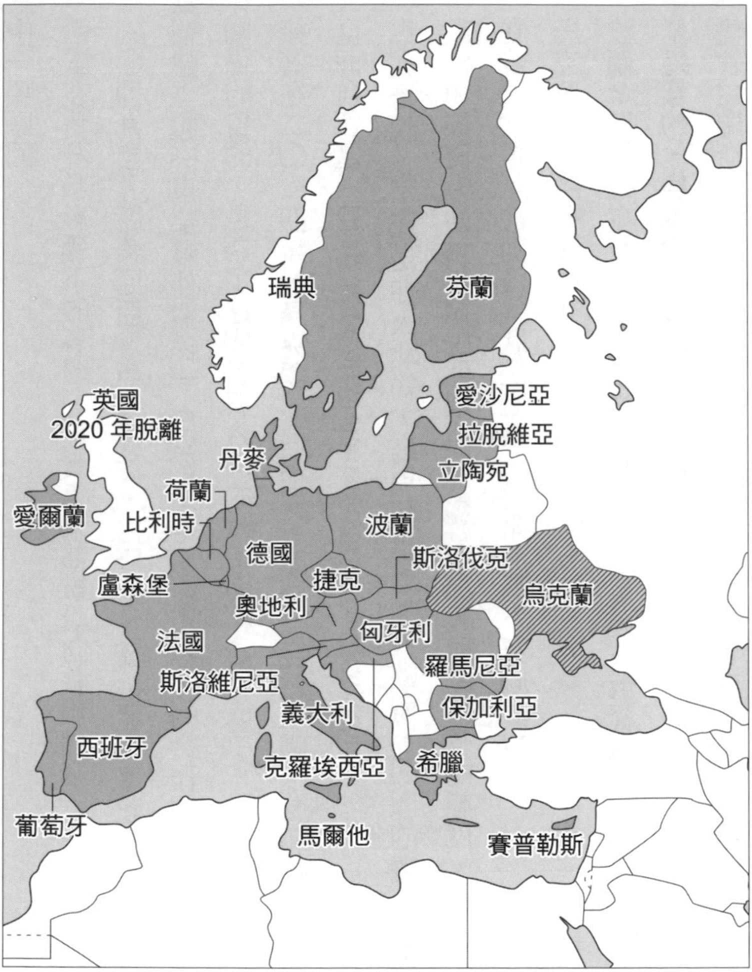

▲ 俄羅斯與歐盟成員國，中間僅隔烏克蘭。

麼一來，對俄羅斯來說最迫切的課題還是烏克蘭。**如果烏克蘭克服了各種條件，加盟歐盟，就會變成俄羅斯的國界與歐盟相鄰**，想必俄羅斯是無論如何都不能讓這種事發生。他們可能還是希望，烏克蘭能維持俄羅斯和歐盟之間緩衝國的狀態。

想要不凍港——俄羅斯長年的心願

回顧歷史，俄羅斯不斷的向南方送出熱切的眼神。

俄羅斯國土有六〇%是永凍土——該地理條件實在是讓人難以相信。為了貿易，俄羅斯熱切的期望能擁有不凍港。這對日本來說，也不能置身事外。當年的日俄戰爭，正是俄羅斯在進行南下政策過程中引發的戰爭。

但俄羅斯的野心也朝著西側的南方。俄羅斯無論如何都想獲得的，就是從黑海到達地中海的海上路線。

實際上，俄羅斯和周邊國家，**早已因博斯普魯斯海峽和達達尼爾海峽，不**

斷的骨肉相殘。在十九世紀到二十世紀初，因鄂圖曼帝國和俄羅斯帝國的對立與合作引發的問題，被歐洲統稱為「東方問題」。

東方問題包含了鄂圖曼帝國的衰退，導致歐洲各國利益的複雜問題，但其中占最重要位置的，就是俄羅斯和土耳其因海峽所引發的問題。在這裡出現的另一個重要關鍵字，是「泛斯拉夫主義」。

所謂的泛斯拉夫主義，是認為由於斯拉夫民族有共通的宗教、語言和文化，因此應該要協力抵抗鄂圖曼帝國或奧地利（匈牙利帝國）的壓力。

根據這種想法，俄羅斯帝國支援同屬斯拉夫民族的南斯拉夫各國（塞爾維亞、保加利亞、蒙特內哥羅等），催促他們從鄂圖曼帝國獨立出來的同時，也企圖擴大自己國家的勢力範圍。

另一方面，博斯普魯斯海峽和達達尼爾海峽（儘管我已經重複過了）對俄羅斯來說，是戰略上非常重要的地點。這兩個海峽是連接黑海和地中海唯一的海路，也是讓俄羅斯能向南、進入地中海的重要管道。

但這兩個海峽都在鄂圖曼帝國的領土內，因此俄羅斯便針對其統治權和鄂圖曼帝國產生對立。

在這樣的狀況中，十九世紀到二十世紀初，俄羅斯帝國和鄂圖曼帝國反覆經歷了好幾次的戰爭，其中最具代表性的就是克里米亞戰爭（一八五三至一八五六年）和俄土戰爭（一八七七至一八七八年）。

俄土戰爭時，俄羅斯支持南斯拉夫各國獨立，並戰勝鄂圖曼帝國。藉由《聖斯泰法諾條約》，成立了大保加利亞。這也就是所謂俄羅斯帝國的泛斯拉夫主義的成果，想當然耳，也受到了西歐列強猛烈的反對。

最終，在之後的柏林會議重新審視了《聖斯泰法諾條約》，縮小了保加利亞的領土。這顯示出西歐各國畏懼俄羅斯影響力擴大，藉此警告俄羅斯「別太得意忘形」。儘管在俄土戰爭之中勝利，但俄羅斯沒辦法獲得原先想得到的兩個海峽的統治權，這也是因為有西歐各國的反對和介入。

到了一九二三年，簽訂了《洛桑條約》。

在這個條約中，針對鄂圖曼帝國解體後的重整國境、承認鄂圖曼帝國的後繼國家土耳其共和國等各項事宜達成共識，當然博斯普魯斯海峽和達達尼爾海峽也是很大的議題，最終承認兩海峽的中立化，許可商船通行，且在戰爭中限制軍艦的通行等。

一九三六年締結的《蒙特勒海峽制度公約》當中，決議兩海峽的主權由土耳其所有，這是經過《洛桑條約》之後的決定。這麼一來，可以說是打碎了俄羅斯企圖「統治從黑海進入地中海的海路」的野心。

3 想打垮美國？破壞巴拿馬運河

要從黑海到地中海，就須通過主權在土耳其手上的博斯普魯斯海峽和達達尼爾海峽。誠如這個例子顯示，世界上有好幾個「海峽」都能被稱為要衝。地球是一個讚頌「水」的星球，要在各大陸之間移動，就須度過海洋。而且並不只是單純的在廣闊的海洋上行走，有時還要通過狹窄的海上通路，也就是海峽。

以人工來整頓的海峽，以利船舶通過，稱為「運河」。當戰爭發生時，也會利用運河來搬運後援物資給前線的軍隊，平時則會用來運送進出口的物品。運河隨時掌握許多國家「不通過這條運河，就無法運作下去」的命運。

世界上有大大小小的運河，在這裡我要特別提出兩個與土耳其海峽並列，存在感非常強烈的要衝——巴拿馬運河和蘇伊士運河。

在建設巴拿馬運河的時候，有日本技術人員參與其中，不過這件事幾乎沒什麼人知道。

這位技術人員名叫青山士，他在大學畢業後，於一九〇三年到達美國，並於一九〇四年參與建設巴拿馬運河這項大事業。

他參與設計重要的部分，扮演了重大角色，但在一九一一年，他還沒親眼見到建設完成，就回到了日本。當時正值日俄戰爭剛結束，美國對日本人有很大的戒心，由於他在報紙上被懷疑是間諜，因此只能回國。回到日本後，他進入內務省工作，指揮荒川放水路（按：日本政府過去為了解決荒川對關東地區造成的水患問題，針對荒川下游河段興建的分洪道）和信濃川大河津分水路（按：流經新潟的信濃川的分洪道）的建設。由於有了荒川放水路，在過去的一百年間，流經日本關東地區的荒川才沒有發生氾濫。

日本戰敗，跟巴拿馬運河有關？

在第二次世界大戰時，日本最大的課題就是「要如何壓制美國」。當時出現了「破壞巴拿馬運河」的提案。如果巴拿馬運河無法通行，美國的海軍若想進入太平洋。就須先繞到南美大陸，這對日本來說，不僅可以賺取時間，也可以削弱美國士兵的體力，可算是一種封鎖美國的作戰。

那麼要怎麼做才能破壞巴拿馬運河？過去軍方拜訪了青山士。軍方認為，問參與過巴拿馬運河建設的青山士，一定知道運河的結構和弱點。

但他的回答出乎軍方的意料：「我的確是參與過巴拿馬運河的建設。不過我是技術人員，就算我知道建設方法，也不知道破壞的方法。」聽說他這麼說之後，軍方的人就離開了。

不過另一方面，也有傳說青山士協助了軍方。軍方按照他借出的設計圖推動計畫，在準備進行演習攻擊時，**攻擊目標卻迅速換成烏利西環礁**（Ulithi，過去曾是美軍反攻日本的基地）。然而不久後，戰爭就迎來了終戰。

這麼一來，軍方的計畫就這麼崩解，想把美國海軍封鎖在太平洋之外的策略，就此失敗。之後日本的命運為何，那也不需要我再多說了。當然，沒能破壞巴拿馬運河並非唯一的敗因，不過這或許是其中一大因素。

巴拿馬運河的背後，其實有這樣的歷史背景，在現代則成了往來太平洋與大西洋的貿易商船的要衝。

從亞洲開往巴拿馬運河的貿易船須橫跨太平洋，但不靠港就橫跨整片海洋，是很辛苦的事。因此我們來看看太平洋的地圖，有一個名為馬紹爾群島的國家，擁有絕佳的地理位置。

馬紹爾群島是一個只有環礁的小國，但活用地利之便，在船隻事業上找到了經濟的活路。目前馬紹爾群島的方便旗船舶（Flag of convenience，船公司或船東將船舶登記於其他國籍，以降低成本）數量，是接在巴拿馬、賴比瑞亞之後，位居第三名。如果關注要衝的地理學，會發現位於太平洋上的小國，也發展出讓人意想不到的產業，實在是非常有趣。

4 寮國、巴基斯坦、斯里蘭卡的港，都有中國野心

中國所謂的一帶一路的構想，在陸路上要經過西亞、中東地區，到達歐洲，透過海路要通過南海、印度洋，進入東非。

由於臺灣位於從南海進到印度洋的路線上，中國為了達到「一路」的目標，非常重視臺灣。再加上麻六甲海峽是很淺的海域，船舶在通航時須非常注意。但中國可是老江湖，想必他們也計畫了「東南亞到印度洋的路線」以外的方法。

順帶一提，岸田政權（按：日本首相岸田文雄）為了提供軍備給菲律賓，提出啟動「政府安全保障能力強化支援」的無償支援，想必就是因為眼見中國

在打「臺灣→南海」路線的算盤，因此想加強日美關係，達到牽制的效果。儘管岸田政權不斷受到各種批判，但光看與菲律賓的外交方式，或許可推測他擅長的是外交也不一定。

話說回來，如果不採取「從臺灣經過南海，從東南亞進到印度洋」的路徑，那要怎麼做？中國可能大致上假定了三個選項。

就算沒有奪得臺灣

就算南海的路線行不通，只要一到印度洋，就能到達東非。因此若中國想達成這個野心，就要提升對印度洋周邊國家的掌控。但由於中國和印度之間，長年有著邊境之爭，因此中國實在是沒辦法對印度做出懷柔之策。以這樣的角度來看世界地圖時，連接麻六甲海峽的馬來西亞、新加坡，以及連接孟加拉灣的緬甸、阿拉伯海的巴基斯坦，就會成為中國關注的對象。

從中國一帶一路的視角來看，就會發現這些國家也可被稱為現代史上的要衝。這麼一來，我們就能用線、甚至是面的角度，而並非只是一個點，來考察中國是如何對待這些國家。

現今，中國已經建設了一條鐵路，連結雲南省勐臘縣的車站磨憨站，至寮國的首都永珍（按：中國譯為萬象），名為**「磨萬鐵路」**，於二〇二一年十二月完工。中國的野心，是最終以這條鐵路連結泰國、馬來西亞和新加坡，我們可以把這看作是一帶一路的其中一環。**如果這條鐵路延伸到新加坡，那麼中國就能輕易的到麻六甲海峽**。

因此，就算萬一無法奪取臺灣，中國的第一個選項，就是「東南亞→麻六甲海峽→印度洋」。

接著選項二是「緬甸→孟加拉灣→印度洋」的路徑。

這只是我的胡亂猜想，不過我認為在二〇二一年二月發生的緬甸軍事政變，軍方的背後可能存在中國的勢力。

如果中國不能取得臺灣→南海的路線，改從緬甸進到印度洋，但緬甸成為一個民主國家的話，對中國來說實在不太好辦事。因此中國教唆緬甸軍方發動政變，緬甸回到軍事政權，那就好辦了。我認為就算中國打的是這個算盤，那也不奇怪。

從中國的一帶一路構想，再加上緬甸「北部和中國相鄰，南部是連接到印度洋的孟加拉灣」的地理條件，一考慮到這兩點，就讓我做出「緬甸的軍事政變背後，可能有中國的影子」的推測。

而從緬甸進到孟加拉灣後，還有斯里蘭卡，近年來中國對斯里蘭卡的投融資也投注了很多心力。首先，中國以大筆的資金投融資，再以還債為理由，讓斯里蘭卡按照自己的心意來行動，可說是設下了債務的陷阱。

事實上，中國以資金在斯里蘭卡南部建設了漢班托塔港，而斯里蘭卡因無力償還巨額的債務，**只能將經營權借給中國九十九年，因此實質上，漢班托塔港已成為「中國的港」**。

離斯里蘭卡非常接近的，就是印度了，所以印度當然對中國相當警戒。印度和中國之間因中印邊界而引發糾紛，處於相當緊張的關係。中國想經由東南亞和緬甸，把手伸進南亞，而印度企圖阻止，所以兩國的關係絕不可能友好。

那麼選項三的巴基斯坦，又是如何？

中國和巴基斯坦在一九五〇年建立了邦交，自此以來，中國就是巴基斯坦最大的金濟援助國、武器供應國。

透過「中巴經濟走廊」的合作關係，中國對巴基斯坦投注了大量的資金，不過這當然不是出於善意，全都是計算過的。之所以會這麼說，是因為有中國的投資、融資，巴基斯坦的基礎建設達成現代化，並**促進了短期的經濟成長**，**卻增加了長期償還債務的負擔**。

由於這個債務的陷阱，讓巴基斯坦簡直像是被五花大綁了一樣。在經濟上產生了依賴，在立場上就會成為對方的從屬，須順著對方的利益來行動，這個道理無論是在人際關係上還是國際關係上，都是適用的。於是，向中國借了龐大資金的巴基斯坦，也不得不採取對中國有利的政策。

說到債務陷阱，其實，**中國已經將手伸向位處「一路」最後的終點——非洲了**。

中國對非洲各國的融資早在許久前就已開始，其中令人記憶猶新的是二〇二三年一月，當時中國的外交部長秦剛曾訪問衣索比亞、加彭、安哥拉、貝南和埃及。

當秦剛訪問埃及，在埃及總統會見秦剛時，秦剛表示：「期待中國一帶一路的建設，能為埃及帶來豐碩的成果。」並決定繼續投資蘇伊士運河經濟區和新首都建設。

順帶一提，二〇一九年日本一橋大學入學考試的地理考題裡，曾出現蘇伊士運河經濟區和新首都建設：

考題

埃及目前計畫的新首都，異於其他國家過去的例子，並非建在內陸的國土中心地帶，而是建在左頁圖表2-7標示的地點（按：新開羅是開羅周邊地區已建成的新城市之一，以緩解開羅市中心的擁擠。並非新行政首都）。是什麼原因讓埃及選擇這個位置？請依據新首都建設資金調度的方式，與計畫中新首都的都市機能來說明（二〇一九年度一橋大學前期試驗地理第一大題第三小題）。

圖表 2-7　埃及的新首都建設預定地

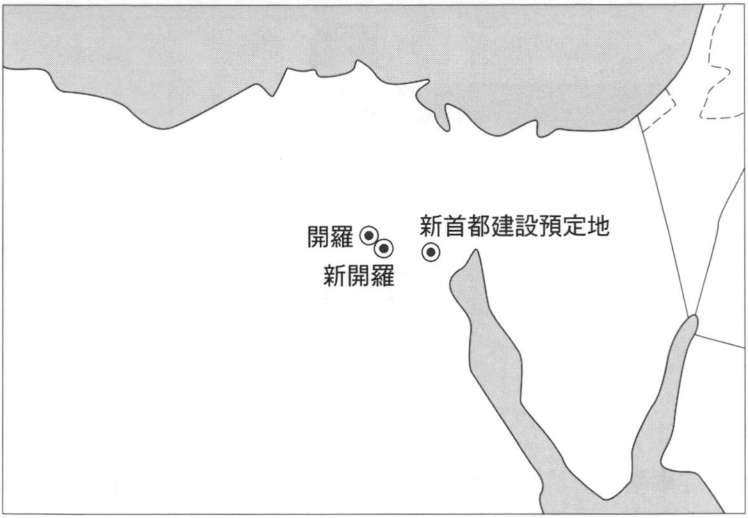

▲ 埃及計畫的新行政首都，並非建在內陸的中心地帶。

圖2-7標示的地點，比現在的首都開羅、新開羅更偏向東邊，在往蘇伊士運河的路上。

一橋大學並沒有公布標準答案，不過解答的重點如下：

1. 蘇伊士運河的通行費會成為主要的資金來源。
2. **擴大來自中國等的投資↓由於埃及和沙烏地阿拉伯的關係惡化，可能很難有來自阿拉伯石油輸**

圖表 2-8　東南亞各國華裔人口比例（單位：%）

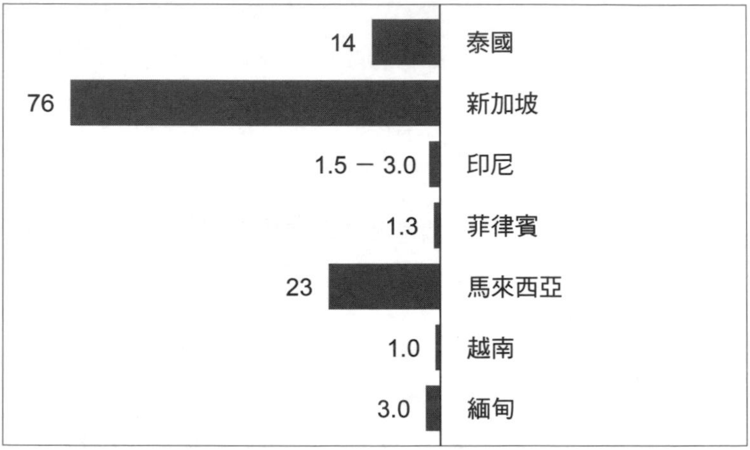

▲ 在東南亞有許多華裔居民，因此中國經東南亞達成「一路」的野心，可能性很高。

（資料來源：The Economist May 30th 2020。）

出國家組織（OAPEC）加盟國的投資？

3.首都比現在更接近蘇伊士運河，因此投資的優勢很大。

4.舊開羅的人口過於集中，都市機能停滯。

5.不僅是利用蘇伊士運河的物流產業，同時也希望能作為金融據點來發展，降低對觀光業的過度依賴。

從前面的內容來看，

不容忽視的就是粗體字的部分。

埃及應該也知道中國一帶一路的構想，也了解可能會掉入中國的負債陷阱中，不過他們仍然想從中國手裡獲得資金，達到新的經濟成長。

見到中國這樣的行為，或許你會想：「這麼胡來，應該行不通。」不過，中國可怕的地方就在於，該國能毫不在意國際的批判而一意孤行。

且**東南亞，包含新加坡在內，有許多華裔的居民**（見右頁圖表2-8）。這麼一來，中國經過東南亞，達成「一路」的野心，實際上可能性非常高。如果想避免這個狀況，其他國家就須展開更激烈的、能與之抗衡的外交政策。

5 斯洛維尼亞加入歐盟，讓俄羅斯心急

歐盟源自於歐洲共同體（European Community，縮寫為ＥＣ），創立於一九九三年。歐盟從歐洲共同體時期開始，經歷了多次的擴大期，到了二〇二三年八月，成員國已經有二十七個國家。

歐盟越擴張，在經濟層面就像是一塊磐石一樣，存在感越強烈，這對歐洲各國來說，或許會覺得是件好事。但事情並沒有這麼單純。

首先讓我們按照加入的順序，來看看歐盟的成員國。

・一九五七年（ＥＣ原加入國）：西德（當時）、法國、義大利、比利時、荷蘭、盧森堡。

- 一九七三年（第一次擴大）：英國（其後脫離）、愛爾蘭、丹麥。
- 一九八一年（第二次擴大）：希臘。
- 一九八六年（第三次擴大）：葡萄牙、西班牙。
- 一九九五年（第四次擴大）：奧地利、瑞典、芬蘭。
- 二〇〇四年與二〇〇七年（第五次擴大）：波蘭、捷克、斯洛伐克、匈牙利、愛沙尼亞、拉脫維亞、立陶宛、斯洛維尼亞、馬爾他、賽普勒斯（二〇〇四年）；羅馬尼亞、保加利亞（二〇〇七年）。
- 二〇一三年（第六次擴大）：克羅埃西亞。

歐盟的中心地帶——藍香蕉

這樣排列下來，不知道各位發現了嗎？沒錯，**成員國之間的經濟能力有很大的差距**。

尤其從英國中南部到荷蘭、比利時、德國西至南部、瑞士、義大利北部，算是歐盟的地理、也是經濟的中心地帶，**被稱為「藍香蕉」**（見下頁圖表2-9。由於二〇二〇年英國脫離歐盟，造成香蕉變得比較短）：

1. 倫敦碼頭區：位於英國倫敦東部、泰晤士河沿岸的水濱再開發地區。泰晤士河橫跨英格蘭南部，流進北海，由於較少從上游搬運過來的泥沙，河口便形成了很大的內灣，又稱河口灣或三角灣。尤其從河口到倫敦附近，河川的寬度寬，水也很深，海拔未滿二十公尺，地形相當平坦，環境有利於大型船舶航行。

為了活用這樣的地利之便，倫敦周邊的交通道路網和鐵路網相當齊全，泰晤士河和內陸地區的往來非常方便。因此倫敦的海運發達，形成了港灣都市。日本的河川大都坡度很陡，幾乎沒有可以讓船舶到達上游的河川。

2. 萊茵河流域魯爾區：位於德國北萊茵－西伐利亞地區西部，是歐洲首屈一指的工業地帶。不過現在由於鋼鐵業和煤業衰退，因此新興的高科技產業集

圖表 2-9　被劃分為藍香蕉的地區

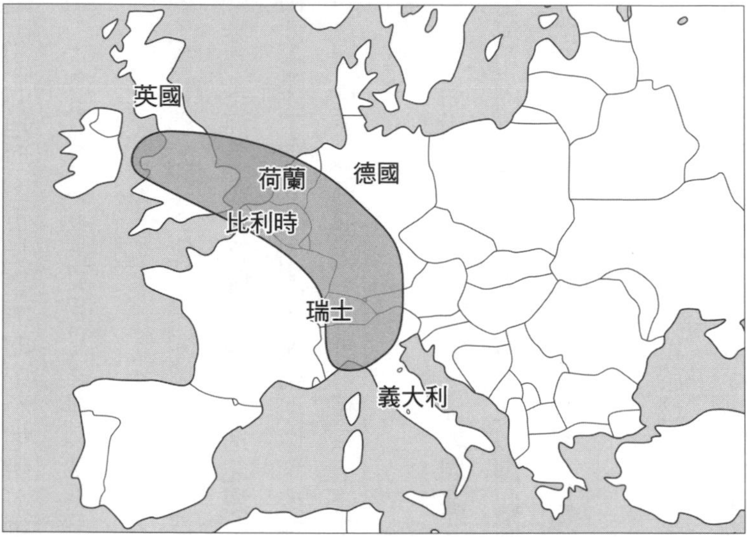

▲ 歐盟的地理、經濟中心地帶，被稱為「藍香蕉」。

中在德國南部，造成失業率上升與高齡化的問題。

3. 第三義大利：關於第三義大利是否包含在藍香蕉裡，有眾多說法，不過這是指位於義大利北部的傳統產業地帶，地方傳統產業很發達。

「藍香蕉」這個稱呼當中，「藍」是指歐盟旗的藍色；「香蕉」指此區域的形狀。此外，這塊地區也會被稱為「歐洲大都市帶」或「歐洲的骨幹」。

斯洛維尼亞，舊南斯拉夫中最先加入歐盟

歐盟的擴大，也意味著區內經濟落差明顯化。越擴大，包含在藍香蕉當中的成員國，和其他成員國之間的經濟落差就變得越大，**要把歐盟當作一個經濟共同體來運作，就會越來越困難**。

事實上，如下頁圖表2-10與第八十七頁圖表2-11所示，如果**比較歐盟各國的人均國民所得（GNI）和人均國內生產毛額（GDP），歐盟區域的經濟落差有多大，就一目瞭然**。大致上會發現，**西邊和東邊的差異相當大**。

如此一來，**活用低廉勞動力的產業就會從西歐向東歐移，接著為了追求高工資，移民就會從東歐流入西歐**。

此外，歐盟有「必須妥善保護移民」的規定。因此，經濟力較高的成員國須支援經濟力較低的成員國。但**英國的多數派就認為，要為此而花費稅金，實**

圖表 2-10　歐盟成員國的人均國民所得

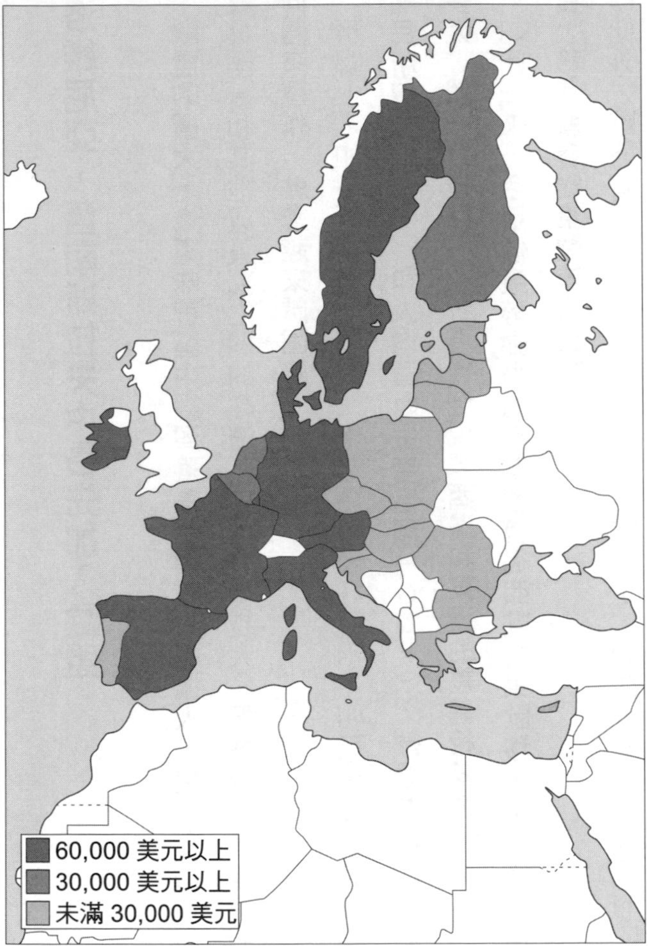

（資料來源：聯合國〔2021 年〕。）
（按：依 2024 年 7 月初匯率計算，1 美元約等於新臺幣 32 元。）

圖表 2-11　歐盟成員國的人均國內生產毛額

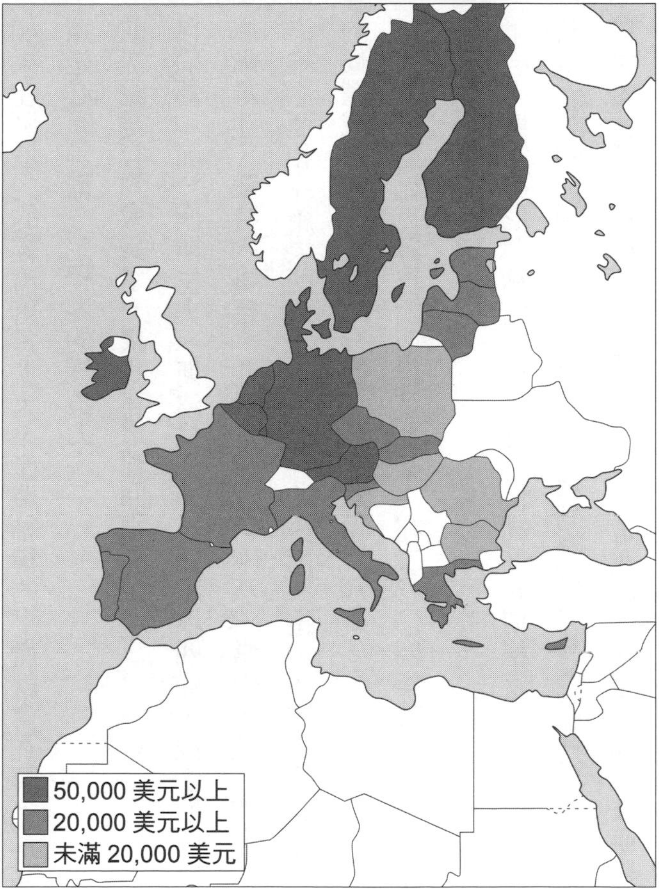

▲ 比較歐盟成員國的人均國民所得（圖表 2-10）與人均國內生產毛額（圖表 2-11），可得知東邊與西邊差異很大。

（資料來源：聯合國〔2021 年〕。）

在太不合道理，因此選擇脫離歐盟。

如果在區域內的經濟落差太大，產業結構的平衡就會瓦解，因此要加盟歐盟，還是必須具備一定程度的經濟力。

前提說得有點太長了。讓我在這裡回到正題。

目前舊（前）南斯拉夫（斯洛維尼亞、克羅埃西亞、波士尼亞與赫塞哥維納、塞爾維亞、蒙特內哥羅、北馬其頓、科索沃）當中，唯一加入歐盟的就只有斯洛維尼亞和克羅埃西亞。除此之外的舊南斯拉夫各國都是候選成員國，或潛在的候選成員國，什麼時候能加盟，還是未知數。

斯洛維尼亞比克羅埃西亞早了九年，在二〇〇四年就搶先一步加盟歐盟，而這絕非偶然。

第一，斯洛維尼亞國內的民族統一性高，政情穩定，且人口較少，大約是兩百萬左右，因此相較之下能快速的達到經濟成長。因此從舊南斯拉夫時代起，在國內就算是經濟的先進地區，這也是斯洛維尼亞和塞爾維亞對立的其中一個要因。

此外，斯洛維尼亞和前面提到的藍香蕉中的義大利北部和奧地利，有頻繁的貿易往來。而且，由來自石灰岩地形（德語：Karst）的喀斯特地區，是斯洛維尼亞的代表風景勝地，因此觀光業也很繁榮。

在這樣優良條件的重疊下，斯洛維尼亞在舊南斯拉夫當中，擁有突出的高經濟水準。正因如此，**斯洛維尼亞成功的成為舊南斯拉夫當中，第一個加入歐盟的國家，而加入歐盟的條件，就是必須具備某種程度的高經濟力**。

之後在二〇一三年，克羅埃西亞也成功加入歐盟，而其他的舊南斯拉夫各國，則是歐盟候選成員國、潛在的候選成員國。隨著歐盟逐步向東方擴大，**俄羅斯對此的危機感也不斷提升**，這是個顯而易見的事實。

6 和瑞士並列的永久中立國——奧地利

一說到永久中立國，最先浮現在你腦海中的，應該就是瑞士了。事實上，瑞士隔壁的奧地利也是永久中立國，但滿多人不知道這個事實。

那麼，為什麼奧地利也選擇成為永久中立國？只要邊看地圖，邊思考這個問題，就會發現奧地利也是歐洲的重要要衝之一。

首先，讓我們來看看瑞士成為永久中立國的來龍去脈。

瑞士中立的立場可以追溯到十九世紀初期。當時歐洲各國召開了維也納會議，目的在於處理一八一五年拿破崙戰爭後，歐洲重組的問題。會議後瑞士就獲得了國際的承認，成為中立國。

在這時各國承認的瑞士中立的立場，指的是「瑞士不介入他國紛爭」，且

「其他國家也必須尊重瑞士的獨立性」。歐洲各國之所以會對此達成共識，是因為如果瑞士是軍事上強大而獨立的國家，會為周邊各國帶來穩定。

東西方互相不介入奧地利

事實上，**瑞士的中立性在解決國際糾紛和外交談判時，也扮演了很重要的角色**。

此外，國際紅十字組織和國際聯盟（國際聯合會）等國際性組織，**也都將總部設置在瑞士**。每年的全球性國際論壇「世界經濟論壇」（World Economic Forum，俗稱達佛斯論壇〔Davos Forum〕）也都在瑞士舉辦，因為能避免各國利害關係，最適合聚集全世界的人。

另一方面，奧地利是在比一八一五年更久之後，到第二次世界大戰之後，才成為永久中立國。

一九五五年四月，奧地利與蘇聯之間達成協議，之後又與美國、蘇聯、英國、法國等四個國家締結了《奧地利國家條約》。在第二次世界大戰前，德意志國曾合併奧地利聯邦國，組成大德意志。戰爭結束後，被同盟國占領的奧地利因這份條約而重新獨立。

在《奧地利國家條約》中，奧地利宣示了成為永久中立國的立場。換言之，該國宣言：「我們不加入東西冷戰的任何一邊陣營，要維持獨立與中立性。」不過，並不像瑞士一樣受到國際條約承認。

看地圖就能明白，奧地利所處的位置比瑞士還要微妙（見下頁圖表2-12）。尤其是在冷戰之下，容易被東方陣營吸收。奧地利之所以會選擇成為永久中立國，很有可能是因為奧地利認為，**如果不小心展現支持西方陣營的態度，蘇聯很有可能會想辦法解決奧地利**。

如果奧地利加入了西方陣營，德國和義大利就能經由奧地利出動軍隊。換句話說，對蘇聯來說，無論如何都不能讓奧地利加入西方陣營。事實上，蘇聯也表明了不希望奧地利加入北約的立場。

相反的，以西方陣營來說，也絕對不希望奧地利被東方陣營吸收。

圖表 2-12　1955 年 5 月 15 日當時北約與華沙公約組織（WTO）成員國

▲ 瑞士與奧地利選擇成為中立國，與地理位置有很大關係。

請看下頁圖表2-13，由於**多瑙河與萊茵河的支流美茵河之間有運河連結，因此黑海和北海在實質上，是連接在一起的**。

如果東方陣營攏絡奧地利，那麼蘇聯就能從黑海透過多瑙河，經過東歐陣營裡的羅馬尼亞、塞爾維亞、匈牙利，再經過奧地利到德國，接著由美茵河通到萊茵河，進入北海。如果能出北海，英國就在眼前。

不過，如果西方陣營積極攏絡奧地利，蘇聯當然也不會坐以待斃，「冷戰」很有可能就變成「熱戰」。在第二次世界大戰才剛結束之際，如果發生這種狀況，那對雙方而言都是惡夢的開始。

因此，**東方和西方陣營都有風度的打著「互相不積極介入奧地利」的算盤**，也或許是在這樣的狀況之下，奧地利選擇了成為永久中立國。

如前面所說，目前的奧地利，是藉由與美國、蘇聯、英國和法國的條約，被承認永久中立國的立場。相較於在一九九五年被聯合國大會承認是永久中立國的土庫曼，奧地利在成為永久中立國的道路上，存在著許多大國的盤算。

圖表 2-13　連接黑海與北海的多瑙河、美茵河與萊茵河

奧地利確立了中立性

在歷史上，說「如果」是禁忌。不過，如果奧地利當初的態度更強硬，會是怎麼樣的局面？若能活用擁有多瑙河水域這個優勢，那麼或許就可以掌握東西之間的主導權。

不過，實際上並沒有發生這樣的狀況。

德國戰敗，意味著被德國合併的奧地利也戰敗了。因此奧地利對周邊國家無法擺出強硬的態度，也沒辦法像瑞士一樣，擁有強大的軍隊。或許這就是實際的理由。

不過在這樣的狀況下，奧地利確立了中立性，其首都維也納也在之後，成為國際會議或協商談判的舞臺，在國際社會上扮演了很重要的角色。

順帶一提，奧地利有加盟聯合國和歐盟，但沒有加入北約，至今仍維持著軍事上的中立。

說到中立，就不能不提長久以來位處俄羅斯和西歐緩衝地帶的瑞典和芬蘭。儘管這兩個國家不是永久中立國，卻是位處北約各國和俄羅斯中間位置的緩衝國，在某種程度對俄羅斯來說是能安心的理由。

但就在俄羅斯開始侵略烏克蘭沒多久，這兩個國家就提出加入北約的申請。挪威很早就被承認，但瑞典政府在處理庫德人恐怖組織的問題時，招致土耳其的反感，因此遭到土耳其的反對。在加入北約時，須獲得所有成員國的承認，因此土耳其的反對，讓瑞典為了加盟等待了一年以上。但是二〇二三年七月，土耳其和瑞典承諾要攜手合作對抗恐怖組織，土耳其因此同意在議會中提案讓瑞典加入。而土耳其總統雷傑普・塔伊普・艾爾段（Recep Tayyip Erdoğan）也提到：「應該要為土耳其打開加入歐盟的大門。」

俄羅斯侵略烏克蘭的其中一個原因，想必有「不允許北約更加擴大」，但以結果來說，俄羅斯卻導致北約成員國增加，造成了作繭自縛的結果。

第三章

宗教與民族紛爭，幾代都無解

1 巴勒斯坦問題，真的無解嗎？

想了解信仰猶太教的猶太人及其歷史與現況，首先須從了解「民族流散」（Diaspora）與「錫安主義、猶太復國主義」（Zionism）開始。

首先，「Diaspora」一詞源自於《舊約聖經》當中的《申命記》，是「離散」與「流散」的希臘文。在歷史上，主要用來形容猶太人離開了自己的故鄉流散各地的現象。

這段歷史很久遠，始於西元前六世紀。在高中的世界史當中，大家應該有學過「巴比倫之囚」：猶太人所居住的耶路撒冷被新巴比倫帝國征服，多數猶太人被驅逐出此地，這被視為第一次的流散。

在這之後，一至二世紀進入羅馬帝國時代，猶太人在此時也受到了迫害。

七〇年，在第一次羅馬－猶太戰爭的「耶路撒冷圍城戰」中，耶路撒冷的神殿遭到破壞，接著在一三五年的「巴柯巴起義」（第二次羅馬－猶太戰爭）中，耶路撒冷被攻陷。而將猶太教與猶太文化視為萬惡根源的羅馬帝國，開始在政策上徹底鎮壓猶太人。

被驅逐出故鄉的猶太人，期望重建家園

羅馬帝國做得多徹底？當時實行的政策有禁止使用猶太曆（希伯來曆）、肅清猶太教的宗教導師拉比、廢棄猶太教的書籍、將耶路撒冷改稱為「愛利亞加比多連」（Aelia Capitolina），並禁止猶太人進入等，可說是相當的嚴苛。

到了歐洲中世紀，民族流散更加嚴重，許多地區都會虐待或驅逐猶太人，因此他們持續流散到世界各地。

如果將他們視為被驅逐出故土的流浪民族，那麼或許是個悲劇，但如同「散」這個字的原意，「民族流散」讓猶太教擴散到全世界各地，所有的土地

上都可見到猶太人的存在，並形成猶太人的社群。從下頁圖表3-1也可清楚看到，猶太人如何廣泛的擴散。

接著來看十九世紀至二十世紀初期，這個時候猶太人的民族主義運動「錫安主義、猶太復國主義」（Zionism）日漸高漲。「Zionism」這個字是由「Zion」和「ism」組合而成，而「Zion」是耶路撒冷的古名。

因此，所謂的**錫安主義運動**，就是**指遭受迫害，被迫離散到世界各地的猶太人，須回到自己原本的故鄉——耶路撒冷的所在地巴勒斯坦**，建立國家並實行自治的運動。現在一說到「巴勒斯坦人」，幾乎都是指阿拉伯人，但在猶太人看來，會覺得：「原本住在這塊土地上的是我們，把故土還給我們。」

所以錫安主義運動，就是被驅逐出故鄉的猶太人，期望恢復祖國、重建猶太家園的夢想。這可說是從古代開始，經歷中世紀到近現代，在無止境的迫害猶太人的狀況當中，所產生的反動。

錫安主義運動真正開始，要屬一八九四年在法國發生的屈里弗斯事件。此事件的發生背景，是當時有位猶太裔的法國陸軍參謀總部的軍官，名為阿弗

圖表 3-1　1100 至 1600 年，猶太人因被驅逐造成民族移動

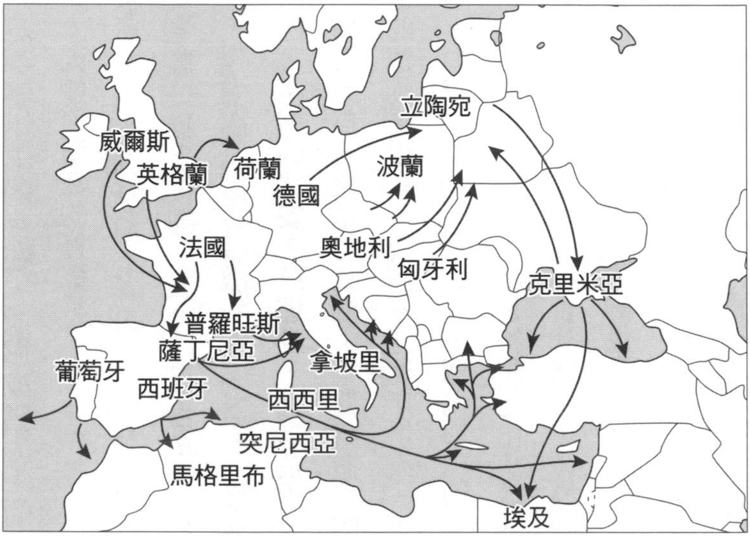

（資料來源：根據 Anti-Semitism, KeterPublishingHouse, Jerusalem, 1974 製作刊登。）

列·屈里弗斯（Alfred Dreyfus），他因被人懷疑是間諜而遭到逮捕。他本人是被冤枉的，不過歐洲卻因為此事件，導致反猶太主義甚囂塵上。

當時，出生於匈牙利的猶太人西奧多·赫茨爾（Theodor Herzl），負責蒐集此新聞的相關資訊。他身為維也納報紙《新自由日報》的巴黎特派記者，在待在法國期間遇上了這件事，因此對重建祖國懷抱強烈渴望。

另外，在十九世紀後半發生在俄羅斯帝國的猶太人大屠殺「反猶騷亂」（Pogrom），也促使了錫安主義運動的高漲。在「反猶騷亂」之後，許多猶太人到美國尋求庇護，但也有許多猶太人期望能在故土建立國家，以停止迫害。

中東戰爭的開始

錫安主義運動在這樣的情勢當中越演越烈，在一九一七年的《貝爾福宣言》（Balfour Declaration）獲得了成果。

當時的英國外務大臣阿瑟・貝爾福（Arthur Balfour）寄了一封信，給英國猶太人領袖第二代羅斯柴爾德男爵沃爾特・羅斯柴爾德（Walter Rothschild），宣稱支持錫安主義，這封信被視為《貝爾福宣言》。換句話說，**這代表英國政府表明支持猶太人在巴勒斯坦建立猶太人的國家**。

而這在第二次世界大戰之後得以實現。

納粹德國進行的納粹大屠殺（Holocaust），虐殺了六百萬以上的猶太人。國際社會為了確保猶太人的安全和自主，對「猶太人有必要建立自己的國家」達成了共識。因此在一九四七年，聯合國認可巴勒斯坦託管地分割方案，決定建立「以色列」。

西亞原本就由英國和法國分割管理。其中，巴勒斯坦被國際聯合會（舊聯合國）委託給英國統治，屬於託管地。但英國並沒有看管到最後，而是在一九四七年二月終止託管。英國在才剛創建沒多久的聯合國會議上，宣布提出巴勒斯坦的問題。換句話說，也就是「放棄」。接著在一九四九年五月十四日，藉由《以色列獨立宣言》，猶太人終於達成了長久以來的心願。

但在此之前，此地一直是一片混亂的狀態，畢竟以巴勒斯坦的角度來看，自己的國土可是被擅自的分割了。

以結果來說，以色列的獨立，又在世界上種下了巴勒斯坦人與猶太人衝突的新火種。而這個火苗延燒到周邊的阿拉伯各國，引發戰爭，發展成四次的中東戰爭。

第一次中東戰爭於一九四八年爆發，當時以色列剛宣布獨立。以色列周邊各個阿拉伯國家——埃及、沙烏地阿拉伯、約旦、伊拉克、敘利亞、黎巴嫩，對以色列發起了軍事行動。

這次戰爭的原因，自然是針對巴勒斯坦的統治權產生的對立。最終，在隔年的一九四九年，以色列獲勝，獲得了比聯合國在決議分割巴勒斯坦時更多的土地。

一九五六年爆發了第二次中東戰爭，被稱為「蘇伊士運河危機」。當時英國與美國宣布停止資助埃及修建亞斯文水壩，為此埃及將蘇伊士運河收歸國有，於是和反對此措舉的英國、法國、以色列爆發了衝突。

戰火的起源是因為以色列侵略埃及的西奈半島，在此期間，英法軍隊也在蘇伊士運河附近登陸。但這一連串的軍事行動，遭到支持埃及的蘇聯、原本以為絕對會支持英法的美國，以及其他國際社會激烈的反對。換句話說，就是（聯合國安全理事會）常任理事國批判常任理事國的行為。

最終，聯合國擔任了調停的角色，英法接受蘇伊士運河被埃及國有化，這一連串事件才得以告終。但這加深了以色列與阿拉伯各國之間的對立。

在猶太人和阿拉伯人對立的聲浪中，一九六四年成立了「巴勒斯坦解放組織」（PLO），目標是「解放巴勒斯坦民族」。

巴勒斯坦解放組織的目標是達成巴勒斯坦人（居住在巴勒斯坦的阿拉伯人）的民族自決、讓流浪的巴勒斯坦人回到家鄉、以武力解放巴勒斯坦人。

接著在一九六七年，爆發了第三次中東戰爭。這個戰爭是以色列與埃及、敘利亞、約旦之間的戰爭。

以色列在短短的六天內，占領了埃及的西奈半島、加薩地區（在第一次中東戰爭中被埃及占領）、敘利亞的戈蘭高地、約旦的約旦河西岸地區，獲得了勝利。也是因為這個原因，第三次中東戰爭又被稱為「六日戰爭」。

以色列發揮了強大的軍事力，獲得壓倒性的勝利，成功將國土擴大了四倍以上，聯合國卻不承認比建國時多出來的領土。現在在世界地圖上，以色列在這次戰爭當中所占領的土地，也沒有被標記為以色列（也有部分地圖標示「紛爭中」）。

此外，第三次中東戰爭意味著，以色列人統治了整個對猶太人來說是「故鄉」的耶路撒冷，這對以色列人來說意義重大。然而，卻沒有受到國際社會的正式承認，留下了無法遮掩的導火線。由於第三次中東戰爭，離解決巴勒斯坦的問題的那一天，又更加遙遠。

只想著「石油穩定供給」的大國紛紛介入

接著在一九七三年，爆發了第四次中東戰爭，被稱為「贖罪日戰爭」。埃及和敘利亞在猶太教徒的安息日「贖罪日」這一天，對以色列發動攻擊。

雖然埃及和敘利亞是想「趁人不備」，但由於預備軍都在家待機，因此以色列迅速召集部隊反擊，第四次中東戰爭最終達成停戰協議，但剛停戰後的那段日子，又發生了其他影響世界經濟的問題，就是第一次石油危機。

當時，為了報復在中東戰爭中支持以色列的西方各國，阿拉伯石油輸出國家組織限制了石油的出口。若供應量減少，供需就會失去平衡，使石油的價格大幅上漲，導致歐美各國和日本等先進國家，遭受到經濟上的打擊。

因此對國際社會來說，最重要的課題就是「**穩定中東問題和石油供給**」。中東地區如果持續拳腳相向，在經濟活動上不可或缺的石油供給，就很有可能變得很不穩定。換句話說，為了穩定石油供給，就須積極面對。這實在是非常現實的理由，不過所謂的國家利益，本來就是這麼一回事。

也因此，美國等西方各國都積極的參與，試圖促進以色列和周邊阿拉伯各國的和平談判。

一九七八年的「大衛營協議」、一九七九年的《埃及－以色列和平條約》都獲得了些許成果，但之後以色列和巴勒斯坦之間的戰爭、恐怖組織的行為，仍斷斷續續的持續中。

在這樣的狀況下，讓巴勒斯坦解放組織從武裝攻擊派，轉而走上穩健路線的，是第三任執行委員會主席亞西爾・阿拉法特（Yasser Arafat）。

一九八八年十一月十五日，巴勒斯坦（State of Palestine）發表獨立宣言，並在隔年一九八九年，亞西爾・阿拉法特成為首任總統。不過實際上，巴勒斯坦的自治政府要到一九九三年才啟動，但日本等七大工業國組織（G7）當中所有的國家，都不承認巴勒斯坦是個國家，也因此日本國內幾乎都使用「巴勒斯坦自治政府」來稱呼。順帶一提，**巴勒斯坦以約旦河西岸地區和加薩地區為「領土」，並訂定東耶路撒冷**（按：六日戰爭後被以色列占領的耶路撒冷的東部市區）**為「首都」**（見下頁圖表3-2）。

一九九三年九月，亞西爾・阿拉法特與當時以色列總理伊扎克・拉賓（Yitzhak Rabin）簽訂《奧斯陸協議》，約旦河西岸地區與加薩地區成為了「巴勒斯坦自治區」。這就是現在被稱為「巴勒斯坦」的地區，但這個地區約六〇%都在以色列的軍事統治之下。在二〇〇二年，以色列以「確保以色列的安全」為名義，在約旦河西岸地區設立了隔離牆。

這就是持續到今天的巴勒斯坦問題大致上的來龍去脈。為了要得到更鮮明的了解，在這裡我要加上另一個視角。

巴勒斯坦的問題，很容易會讓人掉進「這是阿拉伯人和猶太人之間的民族對立、宗教對立」的圈套，但是其實我們也須從「**水資源的對立**」這個視角來

圖表 3-2　巴勒斯坦與附近國家位置

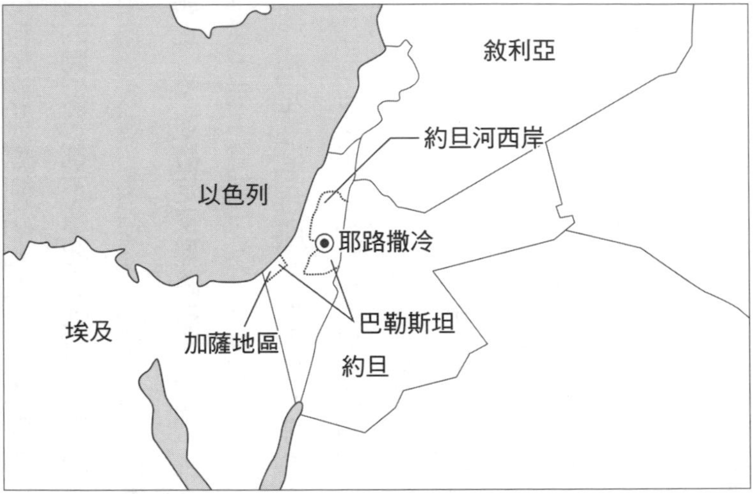

▲ 巴勒斯坦以約旦河西岸地區和加薩地區為「領土」，並訂定東耶路撒冷為「首都」。

探討。

提到西亞，所有人一定都會想到「當地好像很乾燥」。沒錯，只要一看左頁圖表3-3就能了解。

這是用地理院地圖所製作的植被分布圖。在西亞，「綠意」彷彿可說是完全不存在。實際上，生活在巴勒斯坦的阿拉伯人，居住區經常斷水，離水資源穩定供給可說是相當遙遠。

日本的水資源豐富，

圖表 3-3　西亞的植生分布圖

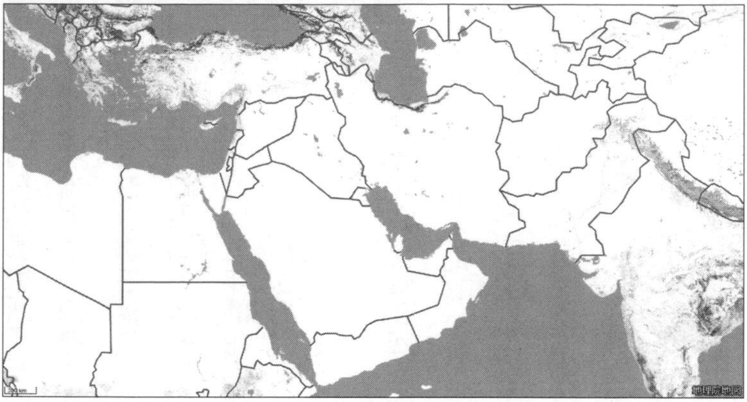

（資料來源：在地理院地圖上追加國境線。）

或許對這種狀況沒什麼概念。不過伊朗和伊拉克之間的兩伊戰爭，也是為了爭奪阿拉伯河的水權而引發。在西亞地區，為了獲得「水與安全」，必須付出很高的代價。對認為「水和安全都是免費的」的日本人來說，或許很難理解。

點滴灌溉、鑽石產業、最新科技

以色列經歷了四次的中東戰爭，但畢竟不可能把國土搬到遙遠的地方，因此自然而然的，就不可能改變四周被阿拉伯國家所環繞的地理條件。

在這裡突然出現了一個機會——透過科技與技術的創新來克服國難。**以色列主要在點滴灌溉、鑽石產業、最新科技等方面獲得了成果**，儘管地理位置處於一個相當困苦的地點，卻能持續達到經濟成長，並提升在國際上的影響力。

尤其是在一九七三年的第四次中東戰爭，引發了第一次石油危機，但以色列以此為契機，將產業結構從過去以厚重巨大的原料供給產業，成功轉型為輕薄短小的加工組裝工業。

正因為沒有資源，處在四面楚歌的環境下，以色列為了提升技術而投注心血，並得以維持國家的獨立性。這樣的姿態，也可從一九九〇年代，他們將「程式編寫」列入高中必修課程中來略知一二。

從這樣的意義來看，猶太人是確實的執行「人才就是資源」這個概念的人民，而以色列也可說是化危機為轉機。

所謂的滴灌技術（點滴灌溉），就是透過管子，直接將水和肥料滴到植物根部。運用管子上的小孔澆灌，就能以節約用水的方式培育作物。

以色列創新的開發出這個滴灌技術，並成功將這套技術實用化。在乾燥的氣候下，水資源非常有限，但以色列達成了永續的農業，以及八〇%以上的糧食自給率。不過儘管如此，穀物和肉類的自給還是有點困難。

此外，**以色列並非鑽石生產國，他們卻以獨家的技術，加工並販售鑽石，**建立起世界性的地位。

以色列從南非共和國等生產鑽石的國家進口原石，在國內進行研磨等加工再出口。在交易鑽石時經由特拉維夫的以色列鑽石交易所，為全世界第二大的鑽石交易所。由於鑽石交易的價格很高，因此鑽石也可說是以色列經濟的一大支柱。

再來談到先進科技產業。各位知道以色列被稱為「創業之國」（Start-up Nation）嗎？事實上，以色列就如同這個稱呼，是一個創新和創業精神非常興盛的國家。尤其是科技產業、網路安全、醫療技術、潔淨科技等領域，以色列都擁有全球競爭力，來自國內外的投資也很蓬勃。

另外，以色列的軍事產業支持著國內最尖端的科技產業發展，因此也不容忽視。當然，這並不僅限於以色列——高度的軍事技術能被運用在民間，因此讓以色列能成為擁有尖端科技產業的國家。

在過去被驅逐出自己的故土，流散到世界各地，好不容易回到故鄉，那裡卻已經有別的民族建立起國家。因此為了爭奪故鄉的土地，引發起爭端……猶太人走過了接連無數苦難的歷史。

這麼一想，對於他們之所以會產生「我們是特別的人」這種神選之人的思想，或許也就不覺得意外。

原本就過得得天獨厚的人，並不會有「得天獨厚」的自覺，也不會覺得自己很特別。猶太人正因為歷經了各式各樣的辛酸，才會認為自己是一群特別的人，並硬是認為比其他的民族更優越，試圖保住尊嚴和身分認同。再加上他們原本就在金融業等領域具備商業長才，因此才會成為一大勢力，甚至被稱為世界的「幕後操控者」。

說到這，在日俄戰爭之際，為了調度戰爭經費而出行的大藏大臣（按：即現在的財務大臣）高橋是清，最後找到的贊助人，是一位名為雅各布・希夫

（Jacob Schiff）的猶太資本家。猶太人的苦難與成功的歷史，實際上與日本的歷史也產生過交集。

2 為了水資源，以色列與約旦可以手握手

前面我提到以色列周圍被阿拉伯國家包圍，處於四面楚歌的局面，不過以色列與周邊各國，也並非完全對立。

不要只看以色列和巴勒斯坦永無止境的紛爭，也來看看以色列和阿拉伯國家之間令人意外的關係，再把中東的話題告一段落。

以色列分別在一九七九年和埃及、一九九四年和約旦建立了邦交。

約旦國內有許多巴勒斯坦的難民和其後代，在西亞的國家當中，是屬於少數穩健派的國家。其中特別值得注意的是，二〇二一年十一月，以色列和約旦在水資源和能源方面達成了合作的協議。

約旦的首都安曼，年降雨量大約是兩百七十毫米。由於降雨量極端的少，因此如果要經營大規模的農業，會非常困難。而由於以色列藉由開發滴灌技術，提升了糧食自給率，因此約旦便和以色列建立了合作的體系。

讓我們稍微更詳細一點來檢視協議的內容。以色列將水出口到約旦，並建設將海水轉化成淡水的工廠。所謂的資源，並非只是鐵礦、煤礦、石油、天然氣和稀土金屬而已。水也是很貴重的資源，尤其是對降水量很少的西亞各國來說，更是珍貴。

當然，對以色列來說，和約旦合作也有好處。約旦向以色列出口電力，而這裡的電力是由太陽能發電而來。

約旦由於降雨量少，不太會產生雨雲，這也就意味著**太陽能的日射量很大，因此可說是最適合發展太陽能發電的自然環境**。根據美國能源資訊管理局（Energy Information Administration，簡稱ＥＩＡ）的統計來看，約旦的太陽光發電比例**在二〇一四年時是〇％，但到了二〇二一年已經達到一六％**，也就是說在短時間內提高了太陽能發電的比例（見左頁圖表3-4）。

圖表 3-4 約旦太陽能發電比例的變化

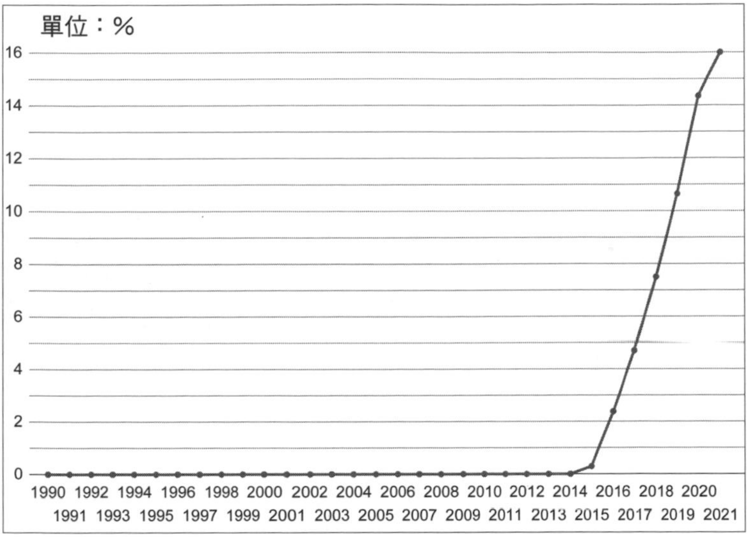

▲ 約旦的自然環境適合發展太陽能發電。2014 年的占比為 0%，2021 年已成長至 16%。

（資料來源：美國能源資訊管理局。）

狀況迫切的時候，實在是顧不了那麼多。**以色列和約旦在水和能源這些資源層面，達到了利害一致。**儘管在民族上、文化上有所差異，站在約旦的角度，以色列有著和自己的「同胞」巴勒斯坦持續骨肉相爭的歷史過往，如今卻締結了合作關係。

3 去維吾爾化的動機

中國的國土大約是九百六十萬平方公里，在這片廣大的土地上，居住了五十六個民族。共產黨藉由一黨獨裁的體制，在某種程度上箝制住了局面，但實際上，有著不知道什麼時候會燃燒起來的導火線。

其中由於實施嚴格控管與鎮壓，讓中國政府遭受批評的，就是新疆維吾爾自治區和西藏自治區。

一說到新疆維吾爾自治區，就想到「棉花」的人，算是相當敏銳。沒錯，新疆維吾爾自治區是中國最大的棉花生產地。

棉製品工業通常是在「棉花的生產＋低廉的勞工」的條件下發展起來。兼備這裡兩個條件的中國、印度和巴基斯坦，就是名列棉製品生產量前三大國的常客。

不過，有一點或許會讓人覺得不可思議：中國是棉花的出口國，同時也是進口國。明明有新疆維吾爾自治區這個棉花生產地，為什麼還要特地向海外購買棉花？

這是因為：一、沿岸地區適合棉製品的生產與出口；二、與其將原料的棉花從新疆維吾爾自治區運送到沿岸地區，還不如把從海外進口（送達沿岸地區）的棉花送到工廠，這樣運輸原料的成本還比較低。

也就是說，中國有「將進口的棉花製作成棉製品，出口到外國」，以及「以國內生產的棉花製成棉製品，出口到國外」的雙層結構。

相信許多人仍然記憶猶新：經營優衣褲（Uniqlo）的迅銷公司（Fast Retailing），因為使用了「以非人道的方式強迫新疆維吾爾族人勞動，所生產、製作出來的棉製品」，而遭到抵制。

以此為契機，一本記錄了維吾爾女性經歷的繪本《發生在我身上的事》廣為社會大眾所知。或許各位讀者當中，也有人透過這本繪本，第一次了解維吾爾族的部分現況，因此而感到悲痛或憤怒。

「去維吾爾化」

位於中國西北部的新疆維吾爾自治區，自古以來就是維吾爾族人生活的地區。在過去有稱為「東突厥斯坦」的獨立國家，在民族上、文化上，和位於更西方的烏茲別克、土庫曼、哈薩克、吉爾吉斯相同，換句話說，也就是和過去的西突厥斯坦，同樣是突厥語民族（見下頁圖表3-5）。

正好位於絲路上的東突厥斯坦、西突厥斯坦，自古以來就是東西貿易的中繼點，非常繁盛。但在十八世紀、十九世紀，東突厥斯坦就彷彿被切割出來一樣，被劃入中國的版圖，並被設立為新疆省。

進入二十世紀，東突厥斯坦曾獨立兩次，但都在很短的時間內就遭到中國政府鎮壓。接著在一九四九年，隨著中華人民共和國的建立，新疆省改成了新疆維吾爾自治區——民族體系是突厥人，語言是突厥語系的維吾爾語、信

圖表 3-5　新疆維吾爾自治區與周邊國家

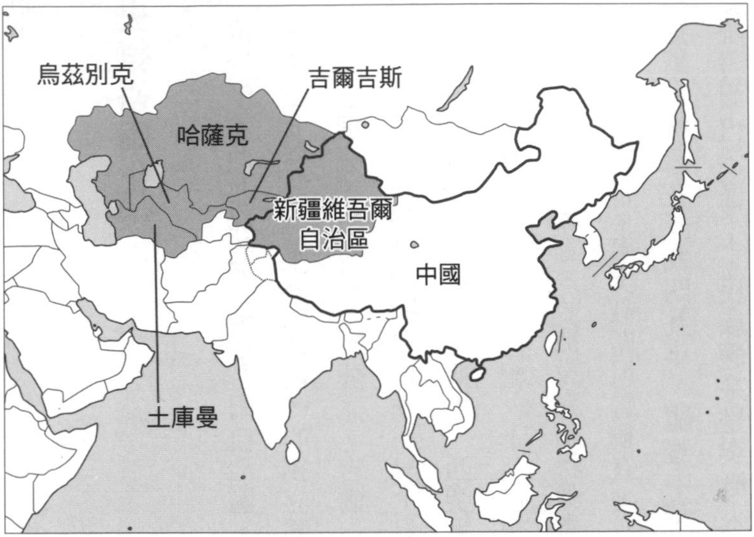

▲ 新疆維吾爾自治區與烏茲別克、土庫曼、哈薩克、吉爾吉斯，皆屬於突厥語民族。

仰是伊斯蘭教（遜尼派）——血脈和信仰都與漢民族不同的維吾爾族，長久以來被中國政府視為眼中釘。

中國政府的期望是，為了維持漢民族的優異性，要斷絕維吾爾民族的文化，讓他們「去維吾爾化」。中國限制維吾爾的文化和宗教活動，接著又強制將維吾爾族人收押進再教育營。這樣非人道的措施受到國際社會的批評，但中國仍然旁若無人。無論發生什麼事，都憑著中華思想一意孤行的中國政府，幾乎毫不在意國際的評價。在某種意義上，實在是讓人不得不佩服他們的強悍，不過我當然不是在肯定這件事。

備嘗辛酸的新疆維吾爾自治區，如同前面提到的，是中國最大的棉花生產地。而中國又是世界最大的棉花生產國，這也就意味著新疆維吾爾自治區是世界棉花生產的中心地。

但如果要說「新疆維吾爾自治區因栽培棉花而繁盛富足」，那完全是偏離了現實。維吾爾族人被中國政府強迫勞動、人權受到侵害，這在新疆維吾爾族的棉花栽培上蒙上了一層厚厚的陰影。

「漢民族優先」，中國政府對少數民族的策略

我也來談談中國其他的少數民族。生活在西藏自治區的西藏民族，說的是漢藏語系當中的藏語，信仰的是藏傳佛教。

對藏族人來說，他們尊崇的是宗教領袖達賴喇嘛，但對中國政府而言，達賴喇嘛可能會引領藏族人走上獨立之路，是個危險人物，因此中國譴責達賴喇嘛是破壞「一個中國」的分裂主義者。

在中國的五個自治區當中，只有新疆維吾爾自治區和西藏自治區當中的少數民族人口比例最多，剩下的廣西壯族自治區、內蒙古自治區和寧夏回族自治區，區內人口最多的都還是漢民族。也因此這兩個自治區的獨立機會很高。

所謂的「自治區」，是中國政府為了能順利的統治，承認少數民族有一定程度的自治權，所設立的地區。**但實際上，就像前面提到的，中國政府一直控制與壓抑當地的語言和宗教**。因此自治區當中的人民獨立意願不斷高漲。

除了維吾爾族和藏族以外，生活在內蒙古自治區內的蒙古族，也被中國認可為五十五個少數民族之一。所謂的「認可」意味著中國政府的認定，但其背後還是有「要讓漢民族的占比最大」的企圖。

對中國政府來說，強調「漢民族占了壓倒性的多數」，就可以強化中國共產黨的統治權力。因此要細分少數民族，分散各自的力量，防止少數民族團結起來，對抗中國政府。

另外，中國政府鼓勵漢民族移居至少數民族所居住的地區，就是為了弱化少數民族在政治上、文化上的影響力。把自己統治的土地上原本的文化，染上自己的顏色，這就是中國無論在哪個時代都不變的做法。

4 亞美尼亞和亞塞拜然，世紀惡鄰

位於中東地區的亞美尼亞和亞塞拜然之間，長久以來存在著導火線——因宗教的不同所產生的領土問題。而正因如此，兩國之間展開了生死之爭。

首先來看一下地圖（見下頁圖表3-6），確認一下這兩國的位置。

光看地圖，實在看不出來戰爭的導火線是什麼。那麼加上另一個要素，在地圖上用不同的顏色做區分（見第一三三頁圖表3-7）。

亞美尼亞的主要教派是基督教的亞美尼亞使徒教會，事實上，亞美尼亞在三〇一年便立基督教為國教，是世界上最早的基督教國家。

另一方面，亞塞拜然的國內有非常多什葉派的伊斯蘭教徒。

接著，我們再看看兩國周邊的國家，與亞塞拜然和亞美尼亞南邊國境相鄰

圖表 3-6　亞美尼亞與亞塞拜然的地理位置

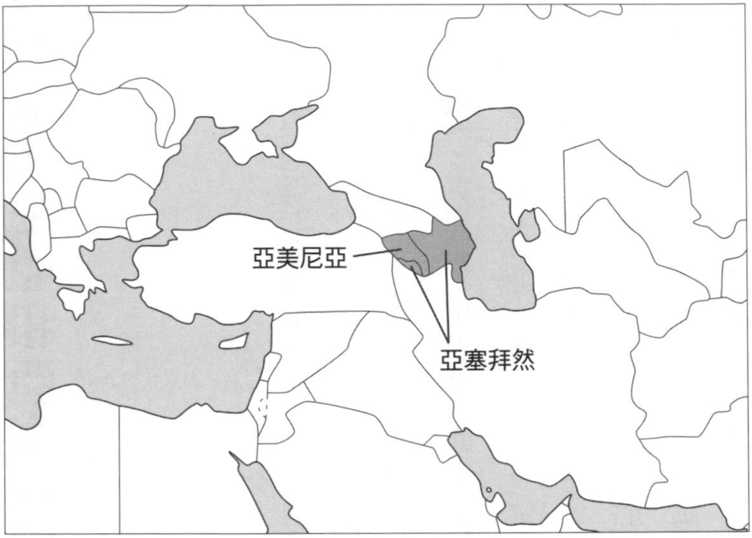

的伊朗是伊斯蘭教國家，在亞美尼亞西方的鄰國土耳其也是伊斯蘭教國家，也就是說，**亞美尼亞被伊斯蘭國家環繞**。

其中唯一一個和亞塞拜然、亞美尼亞在北邊接壤的喬治亞，主要教派是基督教的喬治亞正教會。

宗教的差異，可說是兩國長久以來對立的根源。民族、宗教的交界線，很容易成為紛爭的火種，在其他經常出現紛爭的地區，也符合

圖表 3-7　以不同顏色區分不同宗教

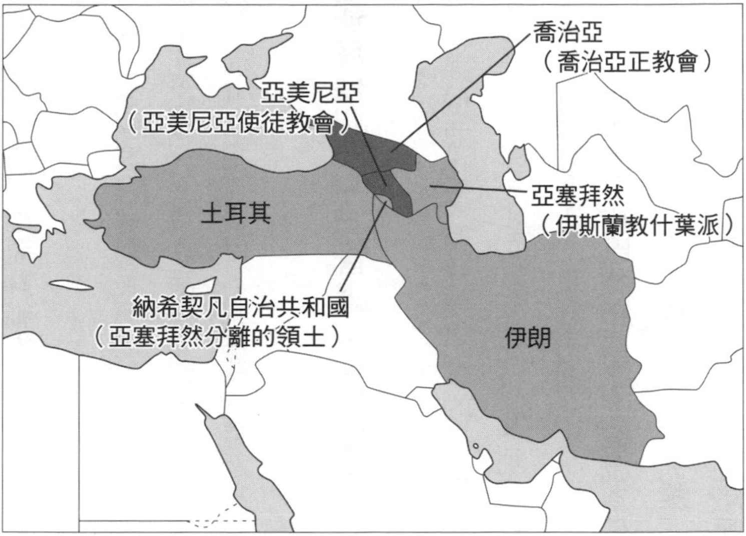

這個道理。

在過去，亞美尼亞、亞塞拜然和喬治亞（也曾被稱為格魯吉亞）在一九二二年到一九三六年間，是屬於同一個國家「外高加索社會主義聯邦蘇維埃共和國」。

外高加索誠如其名，是蘇聯的加盟共和國。他們試著將不同民族和宗教的國家合併為一體，但蘇聯沒有達成企圖，這個國家在一九三六年分裂成三個國家，成為喬治亞蘇維埃社會主義共和國、亞美尼亞蘇維埃社會主義共和國，以及亞塞拜然蘇維埃社會主義共和國。

這三個國家在蘇聯瓦解之後各自獨立，但從此亞美尼亞和亞塞拜然就展開了「生死之戰」。或許講得更精確一點，應該是重新燃起戰火。這兩國過去在宗教方面無法相互妥協，脫離蘇聯重新獨立後，就開始因領土而鬥爭。

亞塞拜然的石油管線，為何繞過亞美尼亞

亞美尼亞和亞塞拜然爭奪的是納戈爾諾－卡拉巴赫自治州（Nagorno-Karabakh Autonomous Oblast）以及納希契凡自治共和國（The Nakhchivan Autonomous Republic）的所有權。

納戈爾諾－卡拉巴赫在國際上被視為是亞塞拜然的一部分，但有許多亞美尼亞人居住在此地，因此成為糾紛的火種。

這也不是最近才發生的狀況。早在俄羅斯帝國瓦解後，建立的亞美尼亞第

一共和國和亞塞拜然民主共和國之間，就曾因卡拉巴赫（包含納戈爾諾－卡拉巴赫在內的地區），引發了亞美尼亞－亞塞拜然戰爭。

到了蘇聯的時代，蘇聯指定這個地區為亞美尼亞領土，亞塞拜然卻激烈的抗議，因此這個決定被推翻，成為亞塞拜然國內的自治區。之後亞美尼亞也不斷要求要將納戈爾諾－卡拉巴赫列入亞美尼亞的國土，但還沒得到成果，蘇聯便在一九九一年十二月瓦解。

在這不久之前的一九九一年九月，納戈爾諾－卡拉巴赫宣布以「阿爾察赫共和國」（又稱納戈爾諾－卡拉巴赫共和國）的名義獨立，不過，並未獲得國際社會的承認。

這份獨立宣言公布於亞塞拜然和亞美尼亞仍處在納戈爾諾－卡拉巴赫戰爭之際。這場戰爭中，出現了三萬人的死傷以及一百萬的難民，在一九九四年宣告停戰。其後，如下頁圖表3-8所示，**納戈爾諾－卡拉巴赫的大半及其周邊的地區，實質上都是由亞美尼亞人統治**。

兩國斷斷續續的又在二〇一四年、二〇一六年、二〇二〇年引發了軍事衝

圖表 3-8　亞美尼亞實質上掌控的地區

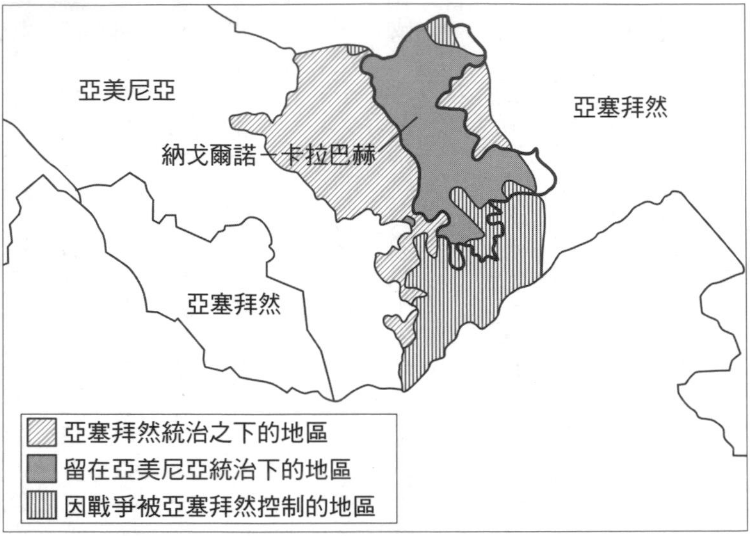

▲ 納戈爾諾－卡拉巴赫的大半及其周邊的地區，實質上都由亞美尼亞人統治。

（資料來源：朝日新聞數位報〔2023 年 1 月 19 日〕。）

突。在最近一次二〇二〇年的戰爭當中，亞塞拜然大幅奪回了在一九九四年後被亞美尼亞統治的地區，不過納戈爾諾－卡拉巴赫地區仍然保有其獨立性。

事實上，在二〇二〇年九月時，兩國之間也因納戈爾諾－卡拉巴赫而出現緊張的情勢。

我透過了中東的國際性媒體「半島電視臺」獲知了這項資訊，但當時日本的國際新聞都在報導烏克蘭的局勢，完全沒有一家媒體報導納戈爾諾－卡拉巴赫的狀況。

人類的空間意識受到了媒體很大的影響，但日本的報導機構，一直以來視野都很狹隘。也就是說，如果媒體不報導，我們就無法擴展空間認知。

今天，「DeepL 翻譯」等的翻譯軟體相當進步，讓我們在閱讀英語新聞時，幾乎沒有什麼障礙。為了能擴展自己的空間認知，我推薦大家平常就要多閱讀各個國家的新聞網站。當然，最好是提升英文能力，靠自己的力量來閱讀這些新聞報導。

讓我們回到前面的話題。納希契凡自治共和國是屬於亞塞拜然共和國的自治國。

檢視地圖後會發現，**納希契凡自治共和國的國土並非和亞塞拜然的國土相鄰，而是與亞美尼亞的國土相鄰**。換句話說，**納希契凡自治共和國的國土和本國土地不相毗連**（見下頁圖表3-9）。

圖表 3-9　亞塞拜然的國土不相連

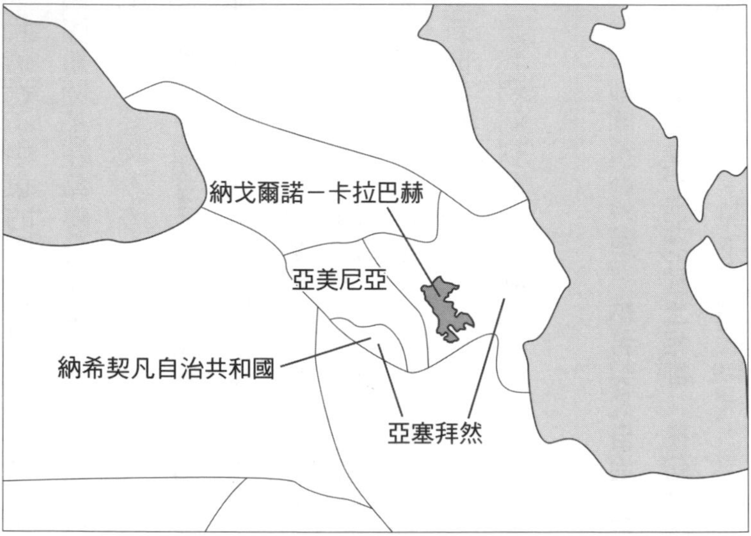

▲ 由於亞塞拜然的國土不相連，因此當亞美尼亞和亞塞拜然起紛爭，納希契凡自治共和國便會受到影響。

正由於亞塞拜然的國土並不相連，因此當亞美尼亞和亞塞拜然因納戈爾諾－卡拉巴赫領土所有權起了紛爭，納希契凡自治共和國就經常會受到影響。

你是否聽過「巴庫－提比里斯－傑伊漢管線」（Baku–Tbilisi–Ceyhan pipeline）呢？這是從亞塞拜然的裏海沿岸，經由喬治亞到土耳其，再到地中海沿岸的石油管線。但為什麼這個管線不通過亞美尼亞，而繞道到喬治亞？

如果各位了解了前面提到的亞美尼亞和亞塞拜然之間的狀況，就能很輕易的回答出來。

也就是說，「由於在領土問題上跟你有爭執，所以我不想通過你的土地」。更正經一點的來說，就是因為長久以來因兩個地區的所有權而爭執，如果通過敵國的話，**在國安方面和政治方面的風險都很高，因此亞塞拜然選擇經過關係更友好的國家**。

看地圖就能了解，如果選擇通過亞美尼亞的路線，距離要短得多，經濟效率也更高。儘管如此，亞塞拜然還是刻意的選擇繞道的路線，就顯示出了兩國之間根深柢固的領土問題。

5 阿富汗現代史，難民的歷史

阿富汗是一個不用多說，大家就都知道的戰亂地帶，嚴重的難民問題，到今天都看不見解決的曙光。

不過各位讀者知道「移民」、「難民」和「撤離者」之間的差異嗎？

首先，根據在一九五一年成立的國際移民組織（International Organization for Migration）的規定，「移民」指的是「離開原本的居住地，超越國境，或在國內移動的所有人」。

接著，根據一九五一年的《關於難民地位的公約》，其中定義「難民」是「由於人種、宗教、國籍、政治意見，或特定的社會團體，而遭受國家迫害逃往其他國家，必須受國際性保護的人」。而「國內撤離者」，則在大致上被定義為「因為災害或戰爭，須避難的人們」。

這些都不是國際法的定義，但從阿富汗逃出來的人們，毫無疑問的是「難民」。根據二〇二一年的統計，來自阿富汗的難民數量是世界第三多，高達兩百七十萬人（第一名是敘利亞的六百八十萬人，第二名是委內瑞拉的四百六十萬人）。當然，在二〇二〇年之後，來自烏克蘭的難民激增。此外，由於塔利班政權的復活，阿富汗的難民也急遽增加。

阿富汗的現代史是「紛爭與難民的歷史」

在過去斷斷續續發生的阿富汗紛爭，讓許多人被迫要逃離自己的國家。

1. 一九七八至一九八九年的阿富汗衝突

一九七八年，阿富汗發生了政變，建立了社會主義政權。對此不滿而發動武力反抗的伊斯蘭武裝勢力「聖戰組織」，受到蘇聯的支援，開始軍事行動。

在一九七九年，蘇聯更是直接介入，進行了軍事侵略，但由於經濟上的負擔和內外政治壓力，因此在一九八九年撤退。這場戰爭除了是蘇聯瓦解的一大原因之外，也對阿富汗國內外帶來許多破壞與混亂。

2. 一九八九至二〇〇一年的阿富汗紛爭

一九八九年，在蘇聯撤退後，阿富汗國內的內戰卻仍然持續。有幾個聖戰組織因政權而對立，進行反覆激烈的戰鬥。

這時有一個團體的勢力突然遽增，這個團體就是奧薩馬．賓拉登（Osama bin Laden）領導的伊斯蘭基本教義派組織「塔利班」。一九九六年，他攻下阿富汗的首都喀布爾，設立了阿富汗伊斯蘭酋長國，而國際社會最大的擔憂，就是塔利班支援「蓋達」等恐怖組織。

3. 二〇〇一至二〇二一年的阿富汗戰爭

二〇〇一年九月十一日，蓋達組織在美國發動了恐怖攻擊。美國很快的就對阿富汗發動攻擊，並打倒了塔利班政府，而阿富汗也建立了新政權。但在塔利班政權被打倒後，領袖賓拉登仍在，而阿富汗當地則有外國軍和塔利班的殘留勢力，彼此之間仍持續戰鬥。

二〇一四年，美國和北約聯軍結束了主要的戰鬥任務，因此將維持阿富汗國內治安的工作，轉交給阿富汗政府軍。但塔利班的勢力絲毫不見衰退，因此政府軍仍持續和塔利班戰鬥。戰爭完全看不見出口，呈現一個泥沼狀態。

二〇二一年，美國在唐納・川普（Donald Trump）執政的時代，與阿富汗達成了協議，因此喬・拜登（Joe Biden）總統完全撤回駐紮在阿富汗的美國軍隊，而北約聯軍也在相同的時間點撤退。

然而，就在這個空檔，塔利班急遽的擴大了勢力，甚至企圖獲得整個阿富汗的統治權。同年八月，塔利班終於掌控了首都喀布爾，而阿富汗的政權實質上已在塔利班的手上。

隨著高唱伊斯蘭基本教義的塔利班重拾權力，女性的權利與教育、言論自由等，都在嚴格的伊斯蘭法下遭到規範。為了要逃離幾乎可說是侵害人權的塔利班其統治，出現了大量的難民，也成為一個國際問題。

阿富汗的問題，說到底就是個難民的問題。

周邊各國和歐美各國，當然也有討論「是否該接受來自阿富汗的難民」的問題，但**如果接受大量的難民，就會增加自己國內經濟上、社會上的負擔**，因此目前這個問題仍然看不到解決的曙光。

阿富汗是否有經濟成長的機會？

請看下頁圖表3-10阿富汗的植被地圖。

地圖上幾乎是一片空白，但這並不是我搞錯，放了一張空白的地圖。**阿富汗是植被非常少的沙漠地帶**。正如下頁圖表3-11所示，**阿富汗在夏天不會有季風通過**。

儘管說是沙漠，但有時還是會降下大雨。樹木是承接雨水的容器，而植物

圖表 3-10　阿富汗的植被分布

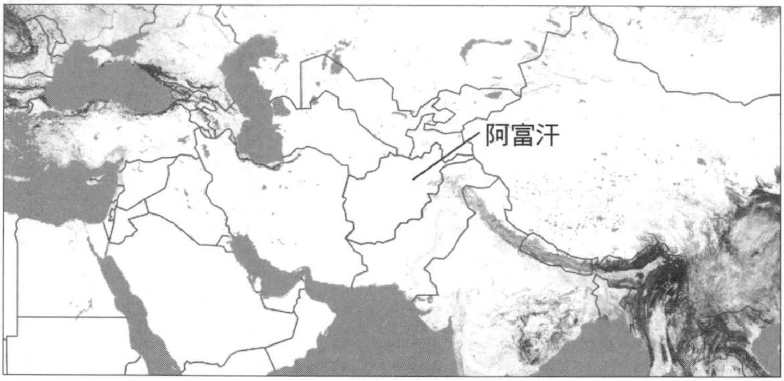

▲ 阿富汗是植被非常少的沙漠地帶。

（資料來源：地理院地圖加上國境線。）

圖表 3-11　夏季季風不會通過阿富汗

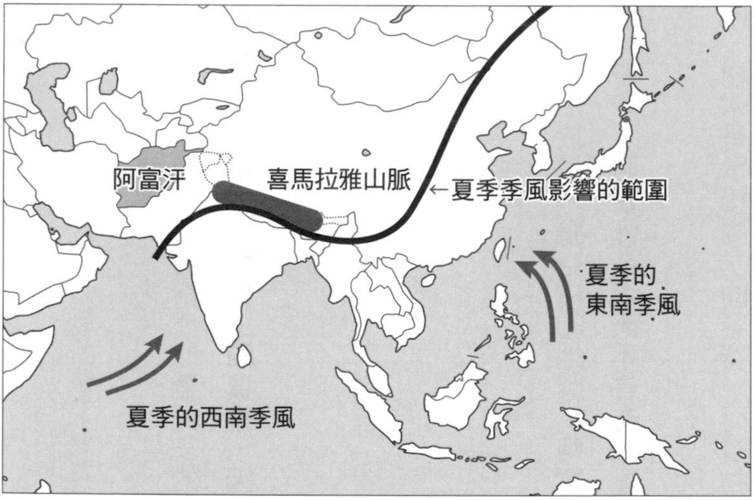

在大地上將樹根擴展開來，就會成為森林，但是阿富汗幾乎看不見森林，森林面積的比例占總國土面積僅一．八五％（二〇二〇年，聯合國糧食及農業組織〔Food and Agriculture Organization of the United Nations，縮寫為ＦＡＯ〕統計）。阿富汗不時會發生大規模的洪水，就是這個原因。看地圖就能很輕易的得知，巴基斯坦的狀況也很類似。

阿富汗國土有大半都是不會生長植物的乾燥地帶，雨水稀少（見下頁圖表3-12），又採不到石油。完全就是像字面上所能看到的一樣，「什麼都沒有」（見下頁圖表3-13）。要問有什麼的話，那就是還有一些地下水資源，能勉勉強強的經營自給用的農業。

從數據上來看，阿富汗的人均國民所得僅三百七十七美元（二〇二一年，聯合國統計），全世界比此數字還低的國家，只有蒲隆地（按：位於非洲的東部地區）和葉門。**總之阿富汗是個非常貧窮的國家。國家的國力其中一個來源是教育，但該國沒有投注於教育的資本**。尤其是對女性的教育，不存在公平的機會，且此地又經常發生紛爭。會大量產生難民，或許也無可厚非。

圖表 3-12　阿富汗首都喀布爾與東京降雨量的比較

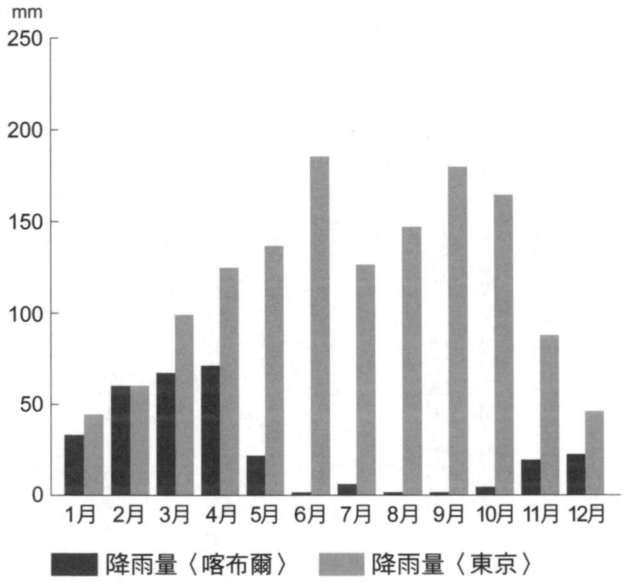

圖表 3-13　阿富汗的地下資源

煤炭出口量：第 18 名（共 215 國，2021 年）
石油出口量：第 76 名（共 215 國，2018 年）
天然氣出口量：第 59 名（共 211 國，2021 年）

（資料來源：美國能源資訊管理局。）

6 塞爾維亞與科索沃——巴爾幹半島火藥庫

過去被稱為「歐洲火藥庫」的巴爾幹半島，有著複雜的歷史。尤其是對於生活在島國的日本來說，不同民族、不同宗教的人在接壤的土地上擠在一起，實在很難想像。

不過如同前述，地圖可以幫助我們理解。用不同顏色分別標註後，來看看巴爾幹半島的民族、宗教的分布。如果把第一五一頁圖表3-14放在腦海中，來追溯歷史，就能比較容易理解巴爾幹半島各國之間複雜的關係。

在地圖上將不同宗教分別標註

在一九四五年第二次世界大戰結束後，巴爾幹半島上成立了南斯拉夫社會主義聯邦共和國。

其組成國有斯洛維尼亞社會主義共和國、克羅埃西亞社會主義共和國、波士尼亞與赫塞哥維納社會主義共和國、塞爾維亞社會主義共和國、蒙特內哥羅社會主義共和國、馬其頓社會主義共和國這六個國家。也就是在左頁圖表3-14當中，用粗框圍起來的部分。

其政治體系就如同國家名稱的「社會主義」一樣，**在冷戰下，與蘇聯區分開來，走著獨自的社會主義路線**。

在宗教上以基督教（正教會和天主教）與伊斯蘭教為主；在民族上有斯洛維尼亞人、克羅埃西亞人、塞爾維亞人、波士尼亞克人（波士尼亞穆斯林）、馬其頓人，因此要合在一起成為一個國家，本來就是一件很困難的事。

南斯拉夫社會主義聯邦共和國在一九九二年蘇聯瓦解後也解體了，當中的

圖表 3-14　巴爾幹半島（舊南斯拉夫）的民族分布

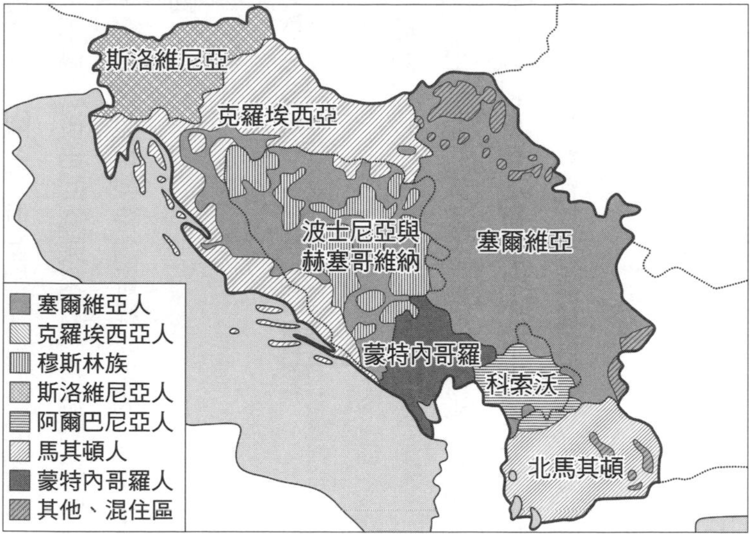

斯洛維尼亞、克羅埃西亞、波士尼亞與赫塞哥維納、馬其頓四個國家獨立，剩下的塞爾維亞和蒙特內哥羅從南斯拉夫社會主義聯邦共和國，改變成南斯拉夫聯邦共和國。

不過政權的運作由塞爾維亞主導，因此蒙特內哥羅想獨立的意願就越來越高。為了壓制住這股不滿的氣勢，南斯拉夫聯邦共和國在二〇〇三年改名為塞爾維亞與蒙特內哥羅，儘管並非是各自獨立的國家，但互相尊重彼此的獨立性，成為一個較為鬆散的共同體。

不過之後再回過頭來看，這個階段的獨立只是一個過程而已。在二〇〇六年，塞爾維亞和蒙特內哥羅成功的分離，成為塞爾維亞共和國和蒙特內哥羅共和國。

不承認科索沃獨立的國家

問題在接下來。

塞爾維亞有許多人信仰塞爾維亞正教會，南部的科索沃自治省有阿爾巴尼亞居民（信仰伊斯蘭教），而北部的佛伊弗迪納自治省，居住了很多被稱為馬扎爾人的匈牙利裔居民（信仰天主教），在國內，還有二十個受到官方承認的少數民族。

在二〇〇八年，科索沃宣布從塞爾維亞共和國獨立出來，但國際社會出現了承認其獨立與不承認的兩派國家。

儘管美國、英國、法國、德國、日本等國家承認，但塞爾維亞、中國、俄羅斯等國，以及歐盟成員國的西班牙、希臘、賽普勒斯、斯洛伐克和羅馬尼亞不承認其獨立。

俄羅斯之所以不承認，是因為同屬斯拉夫民族，因此對塞爾維亞表現出友好的態度。

然而，**這些國家之所以不承認科索沃獨立，是因為這些國家幾乎也都有少數民族的獨立問題**，如果冒失的承認了科索沃的獨立，很有可能像一個強大的回力鏢反彈。例如，俄羅斯的車臣共和國、新疆的維吾爾自治區、西班牙的加泰隆尼亞自治區等，這些國家內的少數民族，很有可能爆發獨立問題。因此這些國家不想在導火線上點火。

在二〇一九年，聯合國當中承認科索沃獨立的，大約有一百個國家。以數字來看算是大多數承認，但除了表示「永遠不會承認科索沃獨立」的塞爾維亞之外，擁有否決權的中國和俄羅斯也不承認，因此至今還未獲得聯合國的承認。我想，今後要獲得承認也很困難。

圖表 3-15　舊南斯拉夫各國目前的人均國內生產毛額

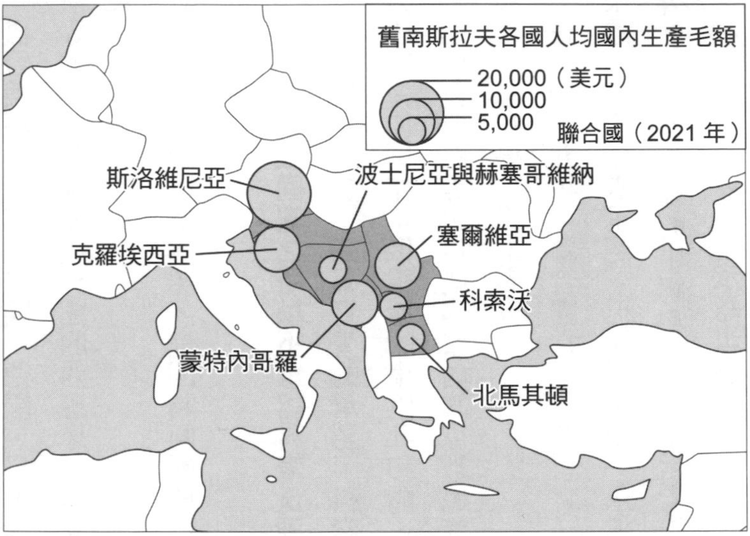

▲ 舊南斯拉夫各國現在的人均國內生產毛額中，科索沃最低，經濟上需要其他國家協助。

雖然前面討論了這麼多，但其實科索沃早已有國旗，也有獨自的憲法，可說實質上已經是個「獨立國家」。儘管沒有達成加入聯合國的期望，卻已在二〇二二年十二月提出了加入歐盟的申請。

然而，如果要說「恭喜獨立」，現實狀況又沒有這麼簡單。

如果列出舊南斯

拉夫各國現在的人均國內生產毛額，就像右頁圖表3-15所示，**科索沃是最低的**。其他希望獨立的民族，**一旦獨立，也很有可能會陷入同樣的狀況，很難成為一個獨立國家而單獨運作**。

儘管看在外人眼裡，會認為：「維持在塞爾維亞的一個部分，生活不是才能過得比較富足嗎？」然而，他們想要的是「獨立出來，建立一個只有自己民族的主權國家」這樣的歸屬感。

日本人生活在「近乎是單一民族」的國家，可能很難理解這樣的心情，不過透過地圖來認識其他國家的歷史，就能了解宗教分布，並進一步了解「尋求民族自決」。

7 喀什米爾，印巴之戰的最後舞臺

過去的印度，實質上是英國的殖民地。

除了英國直接統治的孟買、馬德拉斯（今天的清奈）、加爾各答之外，在此區有六百六十四個土邦，臣屬於英國的各個土邦，都對英國王室效忠，英國間接的統治著這些國家。統治土邦的王公被稱為拉賈（Raja，也被譯為「羅闍」），擁有強大的權限。「拉賈」也被稱為「瑪哈拉賈」（摩訶羅闍），意味著「霸王、霸主」。

在第二次世界大戰後印度獨立的過程當中，以莫罕達斯・甘地（Mahatma Gandhi）、賈瓦哈拉爾・尼赫魯（Jawaharlal Nehru）為中心的國民大會派，主張要合併信仰不同宗教的民族，成為一個國家而獨立。

但穆罕默德・阿里・真納（Muhammad Ali Jinnah）率領的穆斯林聯盟，卻主張應該將伊斯蘭國家分開，並獨自成立伊斯蘭國家。隨著談判的進行，兩者之間的對立越演越烈。

英國將有許多伊斯蘭教徒居住的東孟加拉地區（現在的孟加拉）、西旁遮普、信德、錫斯坦、西北邊境地區，視為巴基斯坦（Pakistan）。

當英國提出讓剩下的地區以印度獨立的提案後，國民大會派和穆斯林聯盟都對此提議表示同意。題外話，「Pakistan」就是將各個地名開頭的字母組合起來而成的國名，包含了所有成為這個名字的地區，其中的「K」就是喀什米爾（Kashmir）。

起點是脫離「英屬印度」達成獨立

英國在放棄對印度的宗主權統治時，對六百六十四個土邦表示「讓土邦王公來決定是要歸屬印度還是巴基斯坦」。儘管話是這麼說，他們還是強烈建議靠近印度的土邦歸印度，靠近巴基斯坦的土邦歸巴基斯坦。

但海德拉巴（Hyderabad）、久納加爾（Junagarh）和喀什米爾這三個土邦，到了印度和巴基斯坦兩國將獨立時，都還沒有決定歸屬。

海德拉巴是有很多伊斯蘭教徒的土邦，因此希望保持獨立；久納加爾領土內有很多人民信仰印度教，但王公是伊斯蘭教的教徒，因此希望加入巴基斯坦；喀什米爾有很多伊斯蘭教徒，但王公是印度教徒，王公希望能獨立，而巴基斯坦對此做出承諾。另一方面，印度沒有做出回應，因此無法決定歸屬。

其中海德拉巴和久納加爾兩個土邦，最終由於印度發起武力，而被併入印度。海德拉巴順從了印度，久納加爾的王公卻逃亡到巴基斯坦。

雙方都不退讓的緊張狀態

剩下就是喀什米爾懸而未決的歸屬問題了。因此印度和巴基斯坦就開始了命運的戰爭（見下頁圖表3-16）。

圖表 3-16　喀什米爾被印度、巴基斯坦和中國控制

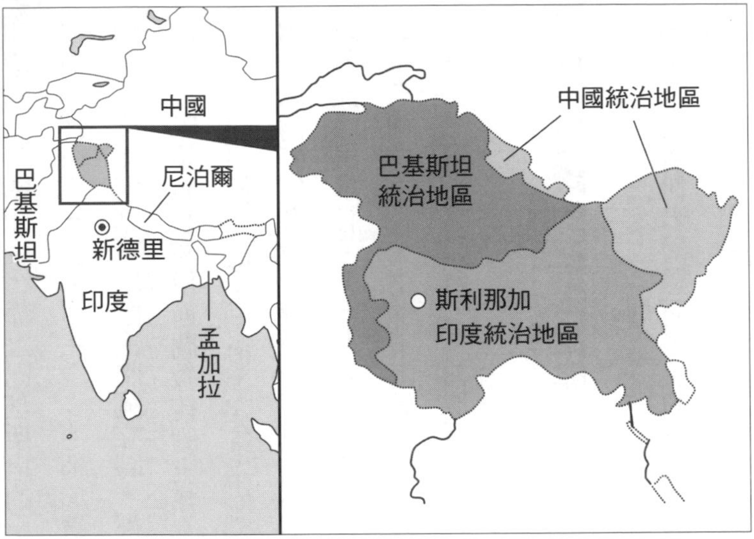

首先製造混亂的是巴基斯坦。在一九四七年十月，巴基斯坦的普什圖人（伊斯蘭教徒）暴徒入侵了喀什米爾，並且要求王公歸順巴基斯坦。

但此時已成為暴徒的普什圖人，進入了喀什米爾的中心都市斯利那加，面臨危機的喀什米爾王公哈里・辛格（Hari Singh）只好向印度的總理賈瓦哈拉爾・尼赫魯尋求援軍的幫助。

對此，尼赫魯總理這麼

回答：「我們不能派印度軍隊到不屬於印度領土的喀什米爾。如果你希望我們派兵，就算是暫時的也好，也應該要表示喀什米爾歸屬印度。至於正式的歸屬，則應該在事情告一段落後，透過人民的投票來確認民意。」

王公遵從了這個提案，並立刻就提出了表明喀什米爾歸屬於印度的文件。印度對此做出了回應，因此派遣援軍前往喀什米爾。不過，巴基斯坦也趁機派軍隊前往喀什米爾，這個衝突就成了第一次印巴戰爭的事端。

戰局往對印度有利的方向發展。在一九四八年一月一日，印度對聯合國安理會提出「巴基斯坦軍的介入是違法的」的控訴，但在一月十五號，換巴基斯坦反過來對聯合國安理會提出「喀什米爾歸屬印度是無效的」、「印度的軍事介入違法」之訴。

因此，聯合國為了要調停這個糾紛，設置了「印巴問題委員會」，並花了約一年的時間來解決這個問題。到了十二月，終於達成停戰、撤退、公民投票這三項協議。並在隔年一月一日決定停戰。

儘管停戰，印度卻以巴基斯坦軍隊不先撤退為由，不願意撤除軍隊，兩軍便沿著停戰線對峙，持續緊張的狀態。而實際的統治狀態則是：喀什米爾整體領土被停戰線劃分，東邊五分之三歸印度，西邊的五分之二歸巴基斯坦。

巴基斯坦主張，喀什米爾的問題應該由公民投票來解決。對此，印度希望讓喀什米爾的歸屬問題變成一個既定事實，因此在一九六五年十一月的查謨和喀什米爾邦（Jammu and Kashmir）的議會上，在憲法中明確決議查謨和喀什米爾是印度的一部分。

從此之後，印度就單方面主張「查謨和喀什米爾邦歸屬印度已是決定的事項，沒有必要依照巴基斯坦提議的公民投票，巴基斯坦才是非法占據了部分喀什米爾」。

在停戰成立後，在喀什米爾地區當中，被巴基斯坦統治的部分，被稱為阿薩得喀什米爾（Azad Kashmir，自由喀什米爾），不過現在大半的地區都改稱吉爾吉特－巴提斯坦（Gilgit-Baltistan），只有停戰線南端細長的部分，被稱為阿薩得喀什米爾。

印度和巴基斯坦長期因為喀什米爾的問題而處於緊張狀態，完全看不見關係改善的可能性。而除了聯合國之外，英國、美國、蘇聯等主要國家，也都分別嘗試調停喀什米爾的問題，但都以失敗告終。

到了一九五〇年代後半，中國與蘇聯的對立逐漸顯化，蘇聯支持印度，而中國則支持巴基斯坦，所以印巴的對立，彷彿就像中國與蘇聯的代理戰爭。

在這樣的事態下，印度也和中國對立，一九五九年，兩國因國境爆發了中印邊境戰爭。一九六二年，在此戰爭中獲得勝利的中國，從國境線往印度方推進，之後喀什米爾的阿克賽欽地區（Aksai Chin）就落入了中國的實質統治下，位置就在拉達克聯邦（Ladakh）直轄地的東邊。

到了一九六五年八月，由於中國完成了在阿克賽欽地區的實質統治，巴基斯坦就派遣武裝集團進入喀什米爾地區。

對此印度迎戰，因此爆發了第二次印巴戰爭。開戰不久，聯合國進行了仲裁，雙方達成停戰的協議。一九六六年，由蘇聯的仲裁而召開的和平會談達成了和平協議，喀什米爾則再度沿著停戰線，陷入了雙方軍隊對峙的緊張狀態。

這樣的緊張狀態，要到第三次的印巴戰爭之後才產生了變化，最終印度在喀什米爾站上優勢。**而契機就是被大規模氣旋侵襲促成孟加拉獨立。**「咦？氣旋？這是怎麼一回事？」你一定會這樣想。那就讓我們接著來看看。

8 孟加拉——因巴基斯坦政府無作為而建國

一九七一年十二月，原本屬於巴基斯坦一部分的東巴基斯坦地區，獨立成為孟加拉人民共和國。

東巴基斯坦之所以會發起獨立運動，背景在於和西巴基斯坦（今天的巴基斯坦）之間所產生的政治不平等、經濟差距，以及文化上的差異。

東巴基斯坦的人說的是孟加拉語，和孟加拉文化有很深的連結。但巴基斯坦的官方語言是英語和烏爾都語，因此巴基斯坦政府強制東巴基斯坦使用烏爾都語。

政治上的不平等，加上經濟差距以及文化上的差異，讓東巴基斯坦出現了反抗的心理，在過去就想獨立的心情變得更加強烈。

最終，東巴基斯坦得以獨立最大的契機，說來會讓人很意外，其實只不過是一場「天然災害」。

一九七〇年十一月，巨大的氣旋波拉（Bhola Cyclone）襲擊了東巴基斯坦。儘管有許多不同的說法，但至少估計造成了二十萬死者，且因建築物倒塌、農地荒廢、基礎建設受到破壞性的打擊，該地區經濟和人民生活的基礎，整個遭到連根拔起。

容易產生大規模水災

事實上，南亞本來就是受到季風的影響，因此降雨量非常多的地區。孟加拉也不例外。

在乾季（主要是十一月至四月）有從內陸吹來的乾燥的風，因此雨水非常少，但**雨季（主要是五月至十月）會有從海上吹來的潮溼空氣直擊南亞，帶來**

大量的雨水，容易發生水災（見下頁圖表3-17、3-18）。

除此之外，孟加拉的國土地形，正好就是由恆河和雅魯藏布江所形成的三角洲（恆河三角洲）。大海就在眼前，國土上又有大河流過，這些地理條件都湊齊了。也就是說，孟加拉在南亞的國家當中，特別容易發生大規模的水災。

此外，由於兩條河川帶來的泥沙的影響，讓孟加拉的河口形成了相當淺而廣的海域。**海水很淺，意味著大型船舶要停靠會很困難**。因此孟加拉並沒有吃水深度超過十公尺、可供大型船舶停靠的大規模貿易港口。孟加拉的地理條件，帶來了很難達成經濟成長的背景。

孟加拉的首都達卡，位於海拔九公尺以下平坦的土地。儘管應該要在更高的高臺地上建立首都比較好，但是說到底，孟加拉本來就沒有海拔較高的土地（見第一六九頁圖表3-19）。

然而，在這樣的土地上，**擠滿了約一億七千萬的人口**（除了面積較小的國家之外，孟加拉的人口密度是世界最高的國家）。而且，這個國家的經濟水準還處在人民會覺得「好想要一臺汽車」的程度，許多人還住在用棚子搭建、結

圖表 3-17　導致孟加拉大規模水災的雨季季風

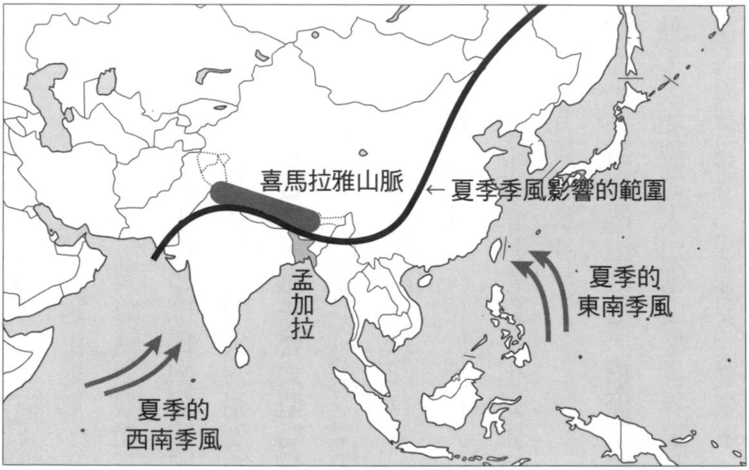

圖表 3-18　首都達卡的年平均氣溫與降水量的變化

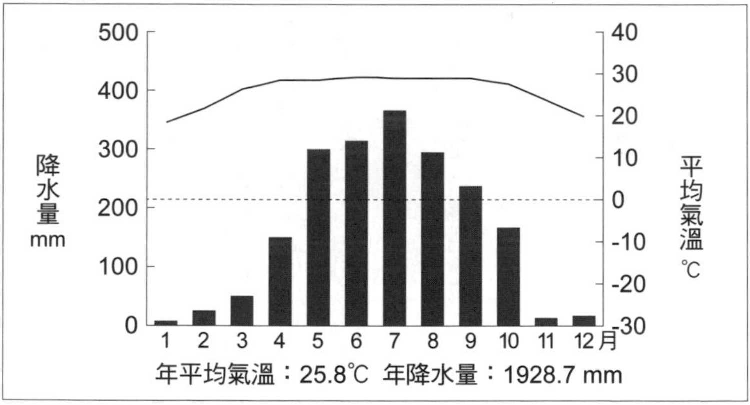

（資料來源：根據 2022 年的數據製作而成。）

圖表 3-19　孟加拉國土的海拔非常低

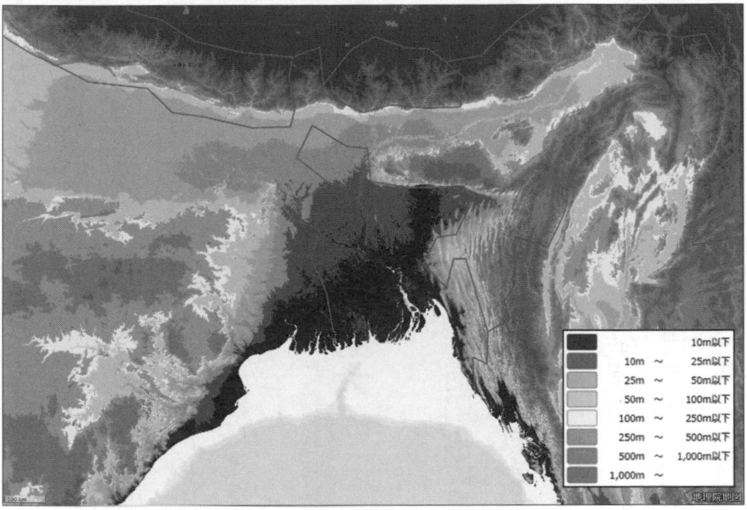

▲ 孟加拉大部分國土地勢平坦。

構非常脆弱的簡陋房子裡。

這真的是令人很心痛的狀況，每當發生水災，就會出現很多人民遇害，我們必須說**這是由於地理條件產生的必然結果**。

當然，人們須努力把災害減到最低，目前孟加拉建了許多能抵抗豪雨與強風的避難所，這些都是日本的ＯＤＡ（The Official Development Assistance，日本政府開發援助）所建設的。不只是氣旋避難所，日本的ＯＤＡ還協助孟加拉打造基礎建設和改善環境，在醫療、農業等各個領域都有相當的成果。

當然，這些並非只是單純的慈善事業。中國企圖一步步的實現「一帶一路」的構想中，南亞就是一個重要的據點，因此，中國正在加深與南亞各國的關係。所以對日本來說，創造「親日國家」的重要性，已是不言而喻。

印度成為「南亞」的老大

當東巴基斯坦因巨大氣旋而陷入困境時，巴基斯坦的政府做了什麼？以結論來說，就是無所作為。也因此，眾多的東巴基斯坦人民成為災害難民，並往印度跑。

印度政府接受了難民，並提供周到的人道支援。這大大的影響到巴基斯坦和印度的關係，也激化了東巴基斯坦的獨立運動，導致孟加拉的誕生。

一九七一年，爆發了第三次印巴戰爭。

對於巴基斯坦政府無所作為而感到憤怒的東巴基斯坦，發起了獨立運動（孟加拉國解放戰爭）。支持獨立的印度介入，因此印度和巴基斯坦之間引發了武力衝突。

在這場戰爭當中，印度獲得勝利，在一九七一年十二月，東巴基斯坦終於以獨立，成為孟加拉。

印度和巴基斯坦歷經前面兩次戰爭後，在政治上和軍事上都維持對等的立場。**但歷經第三次印巴戰爭後，印度確保了在喀什米爾，甚至是南亞的優勢。**

9 羅興亞人——不被承認的國民

羅興亞人的起源，是一支可以追溯到今天的孟加拉的民族，他們信仰的宗教是保守的伊斯蘭教，語言是屬於印歐語系、印度－雅利安語支，被視為孟加拉方言的羅興亞語。順帶一提，印度語系包含了印度官方語言之一的印地語，和巴基斯坦的國語烏爾都語。

羅興亞位於緬甸西部的若開邦（Rakhine State，見下頁圖表3-20），估計有一百萬人居住在這裡。包含分散在全世界的同胞，羅興亞人的數量可能達到兩百萬人。羅興亞的知識分子如此主張：「羅興亞人從八世紀開始，就一直居住在此地。」

但在史料當中，卻幾乎找不到稱呼「羅興亞人」的資料。到底有哪些能視

圖表 3-20　位於緬甸西部的若開邦

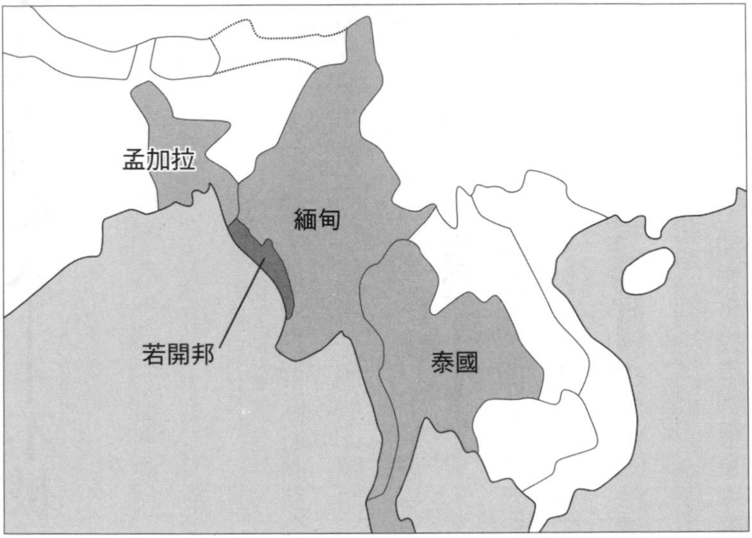

為最早的史料，有各種說法，但並沒有確切的史料能證明「羅興亞人從八世紀開始就居住在若開邦」。

若開邦在十九世紀成為英國的殖民地時，移民從孟加拉地區進入此地，並定居在若開邦的西北部。由於此地居民大多數是佛教徒（上座部佛教），因此雙方之間產生了不合。

到了第二次世界大戰後，在一九七一年爆發了第三次印巴戰爭（孟加拉國解放戰爭），之後接連發生混亂期，為了尋求糧食，人們從東巴基斯坦（今天的孟加拉）遷往若開邦的西北部。

那麼「羅興亞」這個民族集團，究竟是如何產生的？

他們的起源可以追溯到十五世紀阿拉干王國的伊斯蘭教徒，接著又像前面提到的，在十九世紀是英國殖民地時代的移民，加上到了第二次世界大戰之後趁著社會混亂而遷入的移民，再加上一九七一年第三次印巴戰爭時，趁著社會混亂時移入的移民。

但在一九五〇年左右，為什麼他們就開始自稱為「羅興亞人」？這個來龍去脈至今仍不是很明確。在一九四八年，當緬甸脫離英國獨立時，那時的緬甸政府並沒有那麼歧視羅興亞人。

但在一九六二年的政變時，在政府軍的主導之下，**成立了以「緬甸民族中心主義」為基礎的中央集權式社會主義體制（一黨制緬甸社會主義），之後緬甸政府對羅興亞人的歧視就越來越嚴重**。

隨著這樣的社會變化，就出現了羅興亞難民。

尤其在一九七八年到一九九一年，逃亡到國外的難民數多達二十萬人、甚至可能有二十五萬人。到了二〇一七年八月後，甚至出現了七十四萬五千人的難民。

在一九八二年緬甸**修改了國籍法，正式立法「不將羅興亞人視為緬甸土著民族」。因此只要主張自己是「羅興亞人」，在緬甸就會被視為是外國人。**

接著在二〇一五年，自稱「羅興亞」的人們，更進一步被剝奪了選舉權和被選舉權。原因是「既然是外國人，那當然就沒有選舉權和被選舉權」。

逐漸被逼入困境的羅興亞人，卻似乎不想追求獨立。他們只是希望緬甸能承認「羅興亞」這個民族的存在，並獲得緬甸的國籍。但在緬甸國內，無論是政府還是國民，都不承認他們是個「民族」，而認為他們是「來自外國的非法移民集團」。

話又說回來，為什麼羅興亞人會受到歧視？主要的原因有三個。

羅興亞人被歧視的三個理由

首先是**宗教問題。羅興亞人是伊斯蘭教徒，但緬甸是以上座部佛教為主流**。緬甸人看似對基督教徒和印度教徒沒有差別待遇，卻很厭惡伊斯蘭教徒。其中的理由是因為伊斯蘭教徒有出生率高的傾向，因此緬甸對「國家的人口組成中，羅興亞人的比例會增加」而感到危機意識。此外，異教徒的女性和伊斯蘭教男性結婚的話，也必須改信伊斯蘭教，因此這也是讓緬甸人感到忌諱的一個原因。

第二個是**語言的問題。羅興亞人的母語是羅興亞語，是孟加拉的方言之一，因此他們不太會說緬甸的官方語言緬甸語**。緬甸人應該也對此感到不滿。

第三是**民族的問題**。在緬甸國內，國民認為羅興亞人是來自孟加拉的非法移民，是外國人。

多數緬甸人都認為羅興亞人只不過是隨意捏造出來的民族名稱，就聲稱自己是緬甸的土著。

特別對若開邦的緬甸人來說，自己在工作季節時前往都市工作，沒想到羅興亞人就趁機占據了自己的土地。以緬甸人民的角度來看，大概會覺得他們是「得寸進尺」，只是把房子借出去，對方卻當起自己家來了。

二〇一六年十月，在與孟加拉國境接壤的地區，發生了武裝襲擊，造成緬甸警察死亡的事件。緬甸政府斷定這是羅興亞武裝集團的罪行，因此攻擊羅興亞的聚落。大約有七萬四千名的羅興亞難民因此逃往孟加拉。

在二〇一七年八月又發生了類似的事件，緬甸政府軍因此施加鎮壓，殘忍的程度甚至被揶揄是「要洗清羅興亞民族」。此時大約有七十四萬五千名難民逃往國外。

近年來，羅興亞的問題急遽的浮出檯面，其中的契機是英國廣播公司（British Broadcasting Corporation，簡稱ＢＢＣ）的報導。

現在羅興亞問題的一大原因，就是在英國殖民地時代，羅興亞人進入緬甸的緣故。說到底，緬甸國民本應該要把憤怒的苗頭對準英國，但英國為了避免這樣的結果，因此做了一些宣傳，企圖告訴大家，問題的原因是在別的地方。

緬甸可能沒辦法這樣做——放棄殖民地時，給予少數民族政權，製造出民族紛爭之後離開。而英國過去就是這樣對待殖民地。

10 回顧波斯灣戰爭

說到「阿拉伯人」，大多數日本人只會概略的覺得是統稱「中東各國的人」，但實際上並非如此。阿拉伯人指的是「共同語言是阿拉伯語、國民幾乎都是信仰伊斯蘭教的國家」的人民。

就連這樣說，實際上也不是非常嚴謹的定義。此外，伊朗人（說波斯語）、土耳其（說土耳其語）、以色列人（說希伯來語、信仰猶太教）也不能算是「阿拉伯人」。

的確，在西亞，有大半都是以阿拉伯人為主的國家。但其中也有其他民族、人民來自不同文化背景的國家。就算是同一個地區，如果簡略的看作是同一個文化圈，那麼就會誤判過去的歷史和現在的國際情勢。

只要有了這層認識，那麼就能理解為什麼伊朗和伊拉克會反目成仇。

在兩伊戰爭時合作的伊拉克和美國

伊朗和伊拉克都屬於伊斯蘭國家（兩者國內都有許多什葉派信眾），但就像前面所說，他們的民族和語言都不同。伊拉克人是阿拉伯人，伊朗人則是波斯人。再加上地理學上利害關係的對立，這兩國長久以來不斷進行著戰爭。

首先讓我們在地圖上確認一下，伊朗和伊拉克的位置關係（見左頁圖表3-21）。伊朗自古以來有波斯帝國，繁榮興盛，進入二十世紀之後，就和西方各國，尤其是美國建立了緊密的關係。但一九七九年的伊拉克革命時，國內的政治體制發生了很大的轉變。革命的結果是巴勒維國王遭到流放，嚴苛的伊斯蘭教徒魯霍拉．何梅尼（Ruhollah Khomeini）成為領導人。

由於這場伊朗革命，使國內外的政治狀況大變，體制從親美國家搖身一變成為反美國家，這也成為之後爆發兩伊戰爭的其中一個遠因。

圖表 3-21　伊朗和伊拉克的地理位置

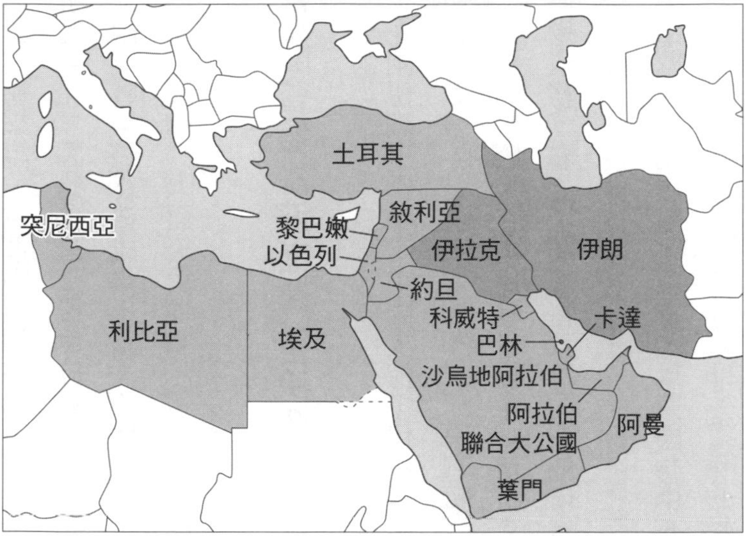

一九八〇年，伊朗、伊拉克因阿拉伯河（下游為這兩國的界河）的使用權而引發衝突。這條河對這兩國來說，都是重要的農業和經濟活動的據點。由於此導火線，兩國進入全面戰爭，開始了長達八年的兩伊戰爭。

自從一九七九年的伊朗革命，伊朗變成反美國家之後，美國便轉而支持伊拉克的薩達姆．海珊（Saddam Hussein）政權，對伊拉克提供武器和軍事情報。

對美國來說，掌握中東的石油產業在戰略上非常重要，反美的伊朗是非常礙事的存在。因此美國支援伊拉克，對伊朗施壓，藉此壓制伊朗的影響力。

兩伊戰爭最終造成幾十萬人的犧牲者，是一場悲慘的戰爭。一九八八年，由於聯合國的介入而終於停戰，但之後伊朗和伊拉克仍然持續著緊張的關係。

為什麼會發生波斯灣戰爭？

在兩伊戰爭當中，美國支持了伊拉克。而在僅兩年後，一九九〇年，爆發了伊拉克戰爭，這次美國卻和伊拉克對抗。

主要的原因是在兩伊戰爭當中，伊拉克對美國的軍事負債。由於伊拉克無法償還債務，看上了鄰國科威特的石油所有權，因此發動入侵，開啟了波斯灣戰爭。

由於伊拉克攻擊科威特，以美國為中心的多國聯軍立刻成軍，在一九九一年，將伊拉克軍隊驅逐出科威特，終結了波斯灣戰爭。

關於這場波斯灣戰爭，我想提三個重點。

首先是「**奈伊拉證詞**」（The Nayirah testimony）：少女奈伊拉提出「伊拉克軍隊在科威特的醫院虐殺嬰兒」的證言，但其實這是美國為了引導輿論做的政治宣傳，也就是虛假的證詞。由於這番政治宣傳的操作，喚起了美國輿論，將美國參與第一次波斯灣戰爭的決定合理化，喬治・H・W・布希總統（George H. W. Bush，又被稱為老布希總統，美國第四十一位總統）在美國國內的支持率高達八九％，完全達成了最初的目標。

第二點是**日本的參與**。當美國發生戰爭時，日本該如何行動，一直是長久的課題。在波斯灣戰爭時，日本參與的形式是提供軍事費用。日本受到科威特政府的感謝，並接受了無償提供的石油，美國政府卻批判日本的態度消極。

而這也成為一大契機，在一九九二年，日本成立了日本國際和平協力法（Peace Keeping Operation，簡稱ＰＫＯ），允許自衛隊能在海外進行活動。自此之後，自衛隊就積極的參與在海外紛爭地區維持和平的活動。

第三點是**波斯灣戰爭之後的美國總統大選**。追求連任的老布希總統敗給比爾・柯林頓（Bill Clinton），發生了政權輪替。

在波斯灣戰爭後，美國國內的經濟持續停滯，許多美國人都失業，或苦於不穩定的經濟狀況。但老布希總統在這樣的狀況下，卻無法遵守「不增稅」的公約。而這也成為選舉主要的焦點。柯林頓在競選時承諾經濟改革和創造就業機會，因此獲得了眾多的支持。

此外，老布希總統對於波斯灣戰爭之後的以色列與巴勒斯坦問題，對以色列政府採取了嚴厲的態度，很可能因此而失去了部分猶太人族群的支持。

美國與伊拉克之間的分歧，不僅止於波斯灣戰爭。

在二〇〇一年九月，美國本土發生了恐怖攻擊，美國對阿富汗採取軍事行動，接著在二〇〇三年塔利班政權瓦解，爆發了伊拉克戰爭。

美國指控伊朗、伊拉克和北朝鮮是「邪惡軸心」（Axis of evil），尤其是伊拉克，美國更主張他們「祕密擁有大量破壞性武器」，並以此為理由，對伊拉克發動軍事行動，最終卻沒有發現大量的破壞性武器。

因此，多方認為美國是為了保障以色列的安全以及中東的石油資源等企圖，某種程度上捏造了「伊拉克擁有大量破壞性武器」，試圖要正當化對伊拉克發起的軍事行動。堂而皇之的理由，真是隨便都能說得出來。

儘管如此，因為這場伊拉克戰爭，讓長久以來君臨伊拉克的薩達姆・海珊政權垮臺，在這之後伊拉克陷入了持續的政治混亂。

「對抗伊朗的包圍網」

在二〇二一年十一月，以色列和約旦在水資源、能源方面達成合作的協議，這在本書前面已提過，而從中仲介的是阿拉伯聯合大公國（United Arab Emirates，縮寫為UAE）。

以色列這個猶太人占多數的國家，和阿拉伯聯合大公國有所接觸，實在讓人很吃驚，不過最終還是因為背後有美國和伊朗的關係。

一九七九年，美國和伊朗斷交；直到二〇一三年，伊朗的總統哈桑・羅哈尼（Hassan Rouhani）和當時的美國總統巴拉克・歐巴馬（Barack Obama）透過電話，進行了雙方首腦會談。

美國和伊朗的關係改善，經濟交流的確有所擴大，但到了川普當選總統時，這一切又化為泡影。

如同前面所述，一九八〇年的兩伊戰爭中，沙烏地阿拉伯支持了同為阿拉伯國家的伊拉克。美國也因為「敵人的敵人就是友方」，而支持伊拉克。

從以色列和約旦簽訂合作協議的二〇二一年十一月，往前回溯一年三個月的時間，在二〇二〇年八月十三日，扮演仲裁角色的阿拉伯聯合大公國促成與以色列之間的邦交正常化，為「亞伯拉罕協議」（Abraham Accords）。

這麼一來，沙烏地阿拉伯就成了西亞的關鍵。

為了實現沙烏地阿拉伯和以色列兩國的邦交正常化，美國居中要求沙烏地阿拉伯「確保國家安全」、「支持開發民間用核子活動」。

之所以會有此舉，是因為伊朗有很強烈的存在感。伊朗不僅在核子開發方面相當先進，也對俄羅斯進行軍事支援，因此如果**想建立對抗伊朗的包圍網，沙烏地阿拉伯和以色列的邦交正常化，是絕對必要的。**

不過這麼做，也恐怕會造成沙烏地阿拉伯和伊朗的對立更加鮮明，因此其他阿拉伯國家也紛紛表示擔憂。

另一方面，沙烏地阿拉伯認為，光靠石油產業，很難持續對世界發揮影響力。因此該國致力於發展觀光產業，並以經濟多元化為目標，就是出自於這樣的想法。二〇二〇一月，沙烏地阿拉伯的王子穆罕默德・賓・沙爾曼（Mohammed bin Salman）舉辦了晚宴，歡迎造訪該國的日本首相（當時）安倍晉三。

由於沙烏地阿拉伯想發展新的商業模式，那麼和以色列之間，可說是絕對須建立能確保國家安全的關係，他們也勢必極度渴望和以色列達成技術合作。

此外，對美國來說，如果促成沙烏地阿拉伯和以色列建立邦交，美國也能贏得居中協調的名聲。對拜登總統來說，他在中東外交遲遲無法交出一張漂亮的成績單，為了要展現成績給國民看，這可說是一個大好機會。

更不要說，沙烏地阿拉伯坐擁麥加和麥地那這兩大聖地（按：伊斯蘭教三大聖地為麥加、麥地那和耶路撒冷）。因此，**如果沙烏地阿拉伯和以色列成功**

建交，也會為其他阿拉伯國家帶來安全感，這樣**就更能鞏固在西亞的「對抗伊朗的包圍網」**（見左頁圖表3-22）。

另一方面，有一股勢力無法容許這種狀況，那就是巴勒斯坦。大家一聽到巴勒斯坦，直接浮現腦海中的，可能是「巴勒斯坦地區」，但其實巴勒斯坦受到一百三十八個聯合國成員國承認（這是二〇二一年時的數字，日本政府並不承認這個國家）。

換句話說，如果沙烏地阿拉伯和以色列建立了邦交，那麼巴勒斯坦想成為一個完全獨立的國家的機會，很有可能就會完全被根絕。在這樣的狀況之下，沙烏地阿拉伯想和以色列建立邦交，並不是一件容易的事。

而有機會成為調節關係角色的美國，也並非這麼團結一致。美國的國內蔓延著一股擔憂，認為美國對沙烏地阿拉伯的支援，會導致、或加劇沙烏地阿拉伯和伊朗之間的軍備競爭。

不過就在這一片「不知道『對抗伊朗的包圍網』會何去何從」、「伊朗的命運又會有什麼樣的變化」之際，沙烏地阿拉伯和伊朗之間的外交關係，竟有

圖表 3-22　對抗伊朗的包圍網

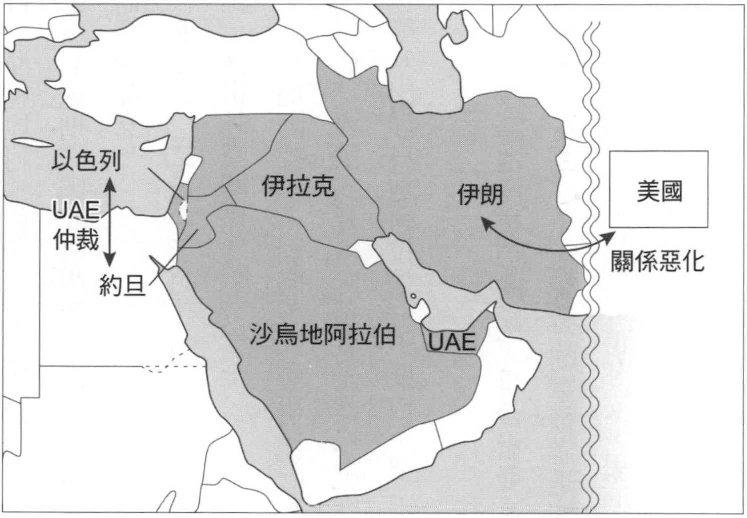

▲ 如果沙烏地阿拉伯和以色列建交，就更能鞏固「對抗伊朗的包圍網」。

所回復。關於這點我會在後面詳細說明，不過只能說，實在是被沙烏地阿拉伯的王子擺了一道（而且根本是兩道、三道）。

強悍又柔軟的沙烏地阿拉伯王子

伊朗和沙烏地阿拉伯在二〇一六年，突如其來的斷絕了邦交。

於同一年的一月

二日，沙烏地阿拉伯執行了對伊斯蘭什葉派高階聖職者謝赫尼姆爾（Nimr al-Nimr）的死刑，因此發生了伊朗駐沙烏地阿拉伯大使館遭到襲擊的事件，雙方進而斷絕邦交。

到了二〇二三年三月十日，在中國的仲裁之下，沙烏地阿拉伯和伊朗達成協議，恢復外交關係。

沙烏地阿拉伯一面向美國尋求保障國家安全的同時，也和伊朗恢復外交關係，這簡直會讓人覺得，這就是沙烏地阿拉伯的「花言巧語外交」。我認為，這也顯示出沙烏地阿拉伯「不要白不要，當然要趁拿得到的時候多拿一點」的方針。

現在沙烏地阿拉伯的國王是沙爾曼・賓・阿卜杜勒－阿齊茲（Salman bin Abdulaziz Al Saud），但實際的掌權者是他的兒子穆罕默德・賓・沙爾曼王子。沙烏地阿拉伯和伊朗恢復邦交，表面上有著「穩定西亞地區政情」這個堂而皇之的理由。不管美國再怎麼企圖強化「對抗伊朗的包圍網」，都找不到可以責難的理由。

當然，從沙烏地阿拉伯增加對中國石油出口的這個傾向來思考，他們強化了與中國這個扮演仲裁角色的國家之間的關係。在俄羅斯侵襲烏克蘭後，能源價格持續暴漲，在這裡也能看出OPEC+（按：由俄羅斯領導的十個非石油輸出國家組織〔OPEC〕的石油輸出國〔俄羅斯、亞塞拜然、巴林、汶萊、哈薩克、馬來西亞、墨西哥、阿曼、菲律賓、南蘇丹、蘇丹〕組成OPEC+，通過商定生產定額來影響全球原油價格，使全球產量低於全球需求量）認為「趁能賺的時候要趕快賺」的意圖。

二〇二〇年十月實施的石油減產，正值美國即將進行中期選舉，因此目的與其說是針對美國，倒不如說是對拜登總統潑冷水。但這次甚至會讓人感到，他們是企圖表演「最後的石油熱潮」的意圖。

不過，沙烏地阿拉伯為了降低對石油產業的依存度，仍然努力摸索著經濟的多元化。其中的一個證據，就是沙烏地阿拉伯發表了要設立國營航空公司「利雅德航空」。

據說沙烏地阿拉伯為了這間公司，要和波音公司簽訂購入民航機的契約，其合約金額高達三百七十億美元。不過，這對美國來說當然是好事，也能隱約看到沙烏地阿拉伯「想維持對美國的影響力」的企圖。

要說強悍的話，穆罕默德・賓・沙爾曼王子甚至將俄羅斯侵略烏克蘭看成是一個大好機會。如果能站在一個較高的視角觀察他的動向，肯定任誰都會這麼認為。

他暗中和俄羅斯保持關係，並且恢復與伊朗之間的外交，藉此來維持OPEC+能源的掌控力，並將能源價格暴漲視為良機，以擴大對中國的石油出口。

另一方面，他又製造出「和伊朗恢復外交關係，能穩定西亞地區的政情」這樣堂而皇之的理由當作免死金牌，要求美國支援，並試著改善與以色列之間的關係。

此外，他又發表要對烏克蘭提供四億美元的人道支援，接著又和俄羅斯的外交部長進行會談，提議要擔任仲介來終結戰爭。

相信沙烏地阿拉伯，以及穆罕默德・賓・沙爾曼王子的思考模式，並非

「到底我們是要靠近美國？還是要靠近中俄？」這樣單純的二元論。我認為他們正強悍而又柔軟的建立著外交關係。而其中的緣由，正是因為他們擁有「蘊藏在國土上的原油」這樣強大的資源。

第四章

世界為什麼是現在這樣？

1 氣候和多元文化，創造出矽谷奇蹟

聖荷西（San Jose）是美國加州的一個都市。這裡聚集了許多高科技產業，新創產業相當盛行，是矽谷的中心都市——這麼說的話，大家就比較有概念。

因為有史丹佛大學（Stanford University）等高等教育機關，以及眾多運用從高等教育機關產生的技術改革，而出現的新興企業，矽谷成長為最新進的產業都市。之後帶領著半導體產業的發展，陸續出現許多新興資訊技術企業和網路企業。聖荷西身為矽谷的中心都市，吸引了許多高科技產業和創新技術。

不過，為什麼是聖荷西成為矽谷的中心都市，而不是其他的地方？事實上，其中也隱藏著絕不能說是偶然、與地理相關的原因。

一九七三年發生了第一次石油危機，這也成為全世界再次認識到能源重要

性的契機。當然美國也不例外，該國意識到，必須從過去依賴石油的產業結構，轉型到能源效率更高的產業。這個方針的轉換，也推動了高科技產業的發展，成為新興企業聚集到聖荷西的契機。

這和美國北部工業地帶的衰退，造成國際競爭力低下有關。原因是經歷戰後復興的日本和西德（當時）藉由工業產品，提高了國際競爭力。而前面提到的能源成本提升，再加上勞工組織強大，導致人事成本上漲；機械設備的老舊化造成生產力低下。

由於這些多重的理由，讓過去的產業結構須轉換。過去可說是美國家傳技藝的工業製品，被更有效率而創新的高科技產業取代，並在北緯三十七度以南的太陽帶（Sun Belt）持續成長。其中一個地點就是聖荷西。

聖荷西的高科技產業，為何如此興盛？

但產業結構轉換的理由，並不能回答「為什麼聖荷西的高科技產業如此興

圖表 4-1　聖荷西位於溫暖的加州

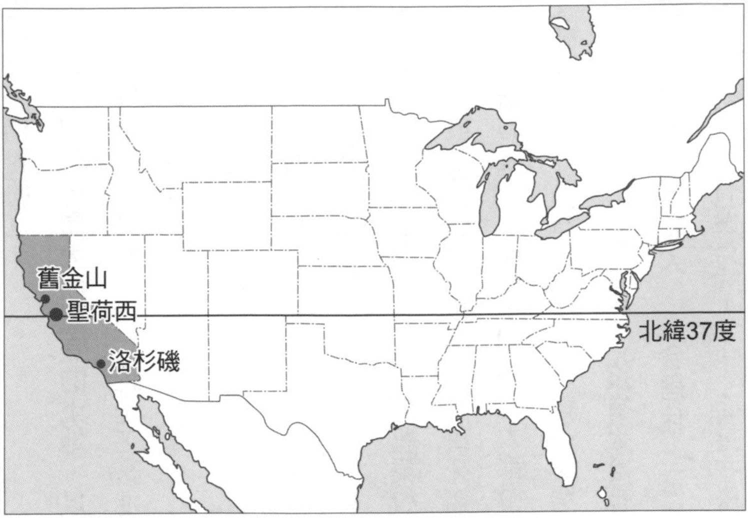

盛」的問題。因此接下來要進入正題。

　聖荷西位於美國加州（見圖表4-1），也就是南部溫暖的地區。溫暖的地區比起寒冷的地區來說，能源消耗量較少，**相當符合在石油危機之後須節省能源的需求。**寒冷地帶的電力消耗有比較高的傾向。

　除此之外，南部的勞工組織率較低，再加上這裡**居住著許多西班牙裔民族和黑人**（見第二〇三頁圖表4-2），儘管這絕非是值得稱讚的點，但人事費用可說是相對便宜。

接著，因為**有廣大而便宜的土地，以及移民法的修改，讓亞洲移民也來此工作**，而被南部所吸收，這些也是工廠進駐此地的魅力之一。當不同背景的人們一起工作，不同的想法產生碰撞時，更容易產生新的技術、產品與創意。

或許有人會問：「為什麼美國南部有很多黑人和西班牙裔？」

首先，南部之所以有很多黑人，是因為在過去，這個地區的棉花業和甘蔗栽培很興盛。無論是種植棉花還是栽培甘蔗，都需要大量的勞力。過去被從非洲帶來的黑人，很多都成為南方的農業奴隸，因此他們的後代有許多人都生活在南方。至於為什麼會有那麼多西班牙裔，只要看地圖就能了解。墨西哥等地說西班牙語的人，在前往美國時，大都會停留在容易到達的南方。

話說回來，為何高科技產業會選擇聖荷西？在此特別要提到加州的氣候。

加州屬於地中海型氣候，**沒有太冷也沒有太熱的時期（見左頁圖表4-3）**，**一整年的氣候非常宜人，適合居住**。這樣舒適的氣候環境吸引了勞工和創業家。其中偶然也有優秀的人才。而這些優秀的人才，又吸引了其他優秀的人才

圖表 4-2　加州的人種結構

白人	71.1%
亞裔	15.9%
黑人	6.5%
原住民	1.7%
西班牙裔	40.2%

▲ 加州有許多西班牙裔民族，人事費用相對便宜。

（資料來源：《Data Book of the World 2023》〔二宮書店出版〕。）

圖表 4-3　加州的氣候非常宜人，適合居住

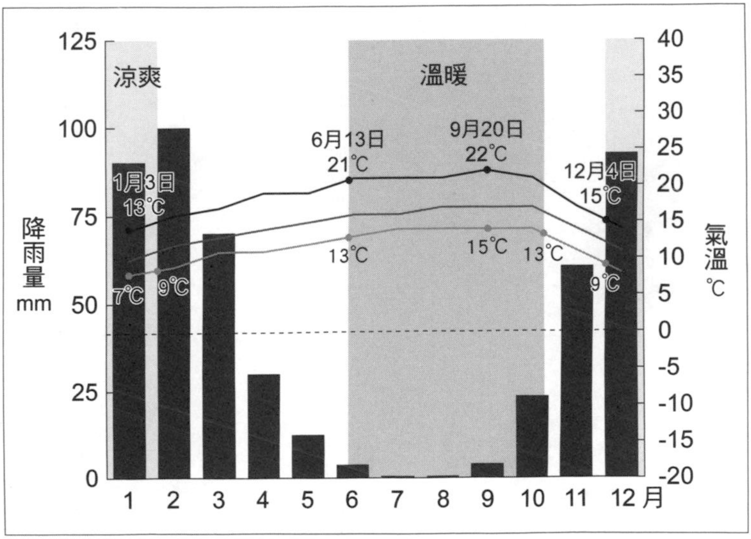

過來。

這麼一來，聖荷西吸引了各式各樣的人們來此地發展，成為高科技和新創產業的中心地。

2 為了賺大豆生意，巴西出賣了雨林

近年來，中國對大豆的需求急速上升。中國的飲食文化中本來就經常使用大豆，再加上人口增加和經濟發展，造成了大豆需求更加擴大。

而這並不僅是人類要吃的份。中國的經濟發展，為中國人的飲食文化帶來了變化。近年來，中國對肉類和乳製品的消費增加，特別是當作畜產飼料的大豆需求上升。此外，大豆又是中國料理中不可或缺的植物油的原料之一。

但面對多方面提升的大豆需求，中國並沒有相對的大豆生產力，因此呈現供不應求的狀況。這麼一來，當然就要仰賴進口。而且需求的規模膨脹的非常大，**儘管中國的大豆生產量已經是世界第四位，但進口的量更是生產的五倍。**

那麼，是哪個國家支撐起中國大豆的需求？答案是巴西。

圖表 4-4　各國大豆生產量的排行

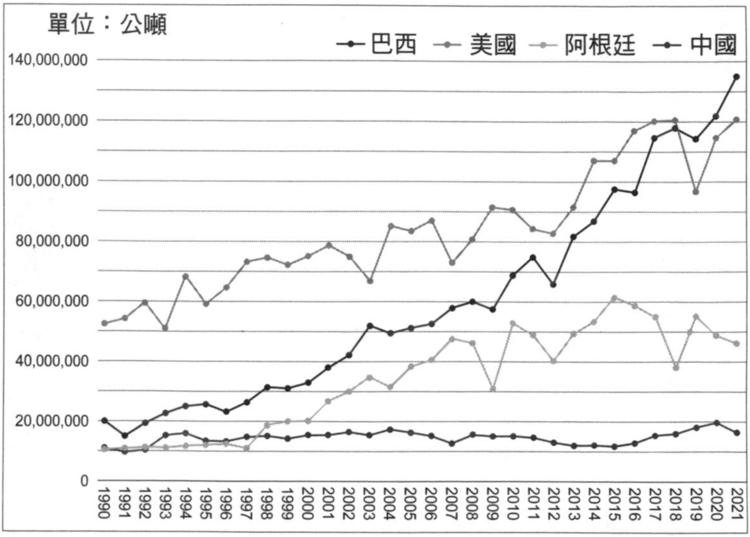

▲ 巴西的大豆生產量在 2019 年超越美國，成為世界最大的大豆生產國。

（資料來源：根據美國農業部〔USDA〕發表的數據製作而成。）

或許很少人知道，**巴西的生產量在二〇一九年已經超越美國，成為世界最大的大豆生產國**（見圖表4-4），並且成為大豆出口國。而中國就成了巴西的新顧客。

由於預測中國的大豆進口量會增加，巴西甚至實施了支持大豆農家的農業政策。中國畢竟是個人口高達十四億的國家，因此巴西政府按捺不住，想拿下這個龐大的市場，也就不讓人意外。

不過，這也很有可能必須付出很大的代價。由於巴西種植大豆的土地擴大，已經**破壞了熱帶雨林，甚至引發與原住民之間的土地問題**。

為了要開拓農地而砍伐熱帶雨林，就會增加二氧化碳的排放量，破壞生物的多樣性，危害地球的環境。與原住民之間的土地問題，也逐漸浮現。為了栽培大豆，不斷擴大農地，就會侵害到原住民自古以來守護的土地。

我們來看看巴西在不同時期的空照圖（見下頁圖表4-5），**就會發現有些地區的森林逐漸被開墾**。不過也有一些地區是完全沒有變化。

巴西政府和原住民之間，有憲法規定「不能侵犯自古以來原住民居住的土地」。但想拿下中國龐大的大豆需求市場的巴西政府，不知在未來的什麼時候，會藉由法律解釋來入侵保護區。因為在內陸地區，就已經發生原住民搬離原居住地的狀況。

政府為了追求經濟效率而想要活用土地，但原住民想原封不動的守護住繼

圖表 4-5　巴西在不同時期的空照圖

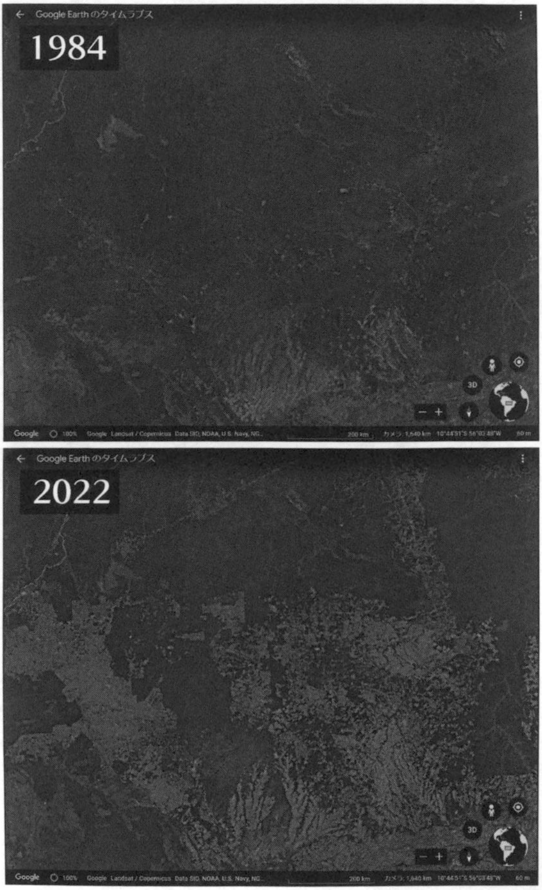

▲ 比較 1984 年與 2022 年空照圖，可發現巴西有些地區的森林逐漸被開墾。

（資料來源：Google Earth。）

承自祖先的土地——因土地而引發對立的，並非不同國家的國民，而是在同一國家內利益互相衝突的人們，這也是目前常見的例子。

3 斐濟，印度裔占四成，卻只分到二%地

砂糖是做料理時不可或缺的食材，其生產量由巴西、印度、中國、泰國、美國等高居前幾名。這些國家其他農作物的生產量、出口量也很多，不過在砂糖生產國當中，有一個國家的砂糖，是支撐其國內經濟的重要出口品項。

這個國家就是在太平洋上的小島國——斐濟共和國。先看下頁圖表4-6，來確認一下它的位置。

這個國家一整年都很溫暖，四季常夏，降雨量很多。由火山活動所形成的島嶼是肥沃的火山土壤。具備了這些條件的斐濟，非常適合種植甘蔗。

不過，我並不是要憑著這些資訊，表達斐濟這個國家是「栽培甘蔗、生產

圖表 4-6　在太平洋上的小島國——斐濟共和國

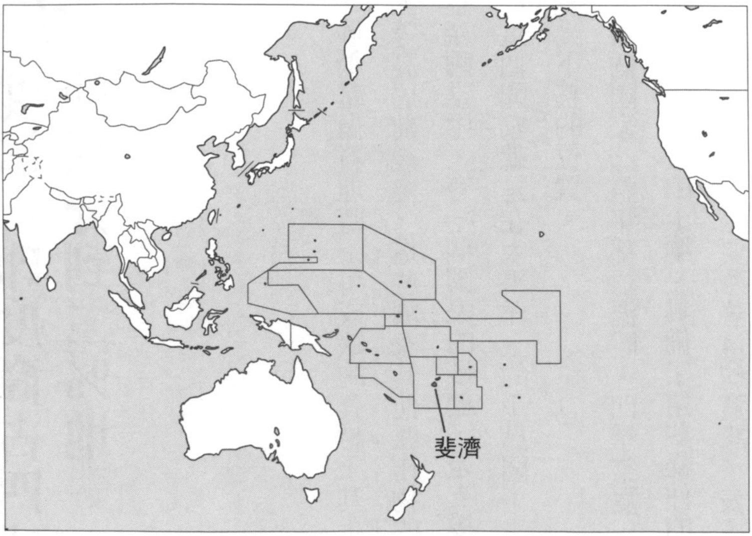

砂糖的閒適國家」。實際上，「適合種植甘蔗」這個特徵，也是斐濟國內出現複雜民族問題的其中一個原因。

斐濟從一八七九年開始栽種甘蔗，這個時代的斐濟是英國的殖民地。

當時，英國因為產業革命帶來國內經濟的發展，而**由於砂糖對於甜點和紅茶來說，都是不可或缺的食材，因此砂糖的需求急速增加。**為了供應這樣的需求，英國就在擁有熱帶雨林氣候的斐濟種植甘蔗。

為了供應提升的需求，須種植大量的甘蔗。而這麼做須投入大量的勞力。換句話說，光靠斐濟人，勞動力還是不夠。

為此，**英國投入了大量的印度人來栽種甘蔗**。英國利用的是一種被稱為「Girmit」的工作契約制度，據說當時為了從事種植甘蔗而移住斐濟的印度人，就大約有六萬三千人之多。

目前斐濟的人口組成中，原本住在斐濟的斐濟人占了六〇％，**印度裔的斐濟人大約占四〇％**，印度裔的居民，毫無疑問就是過去投入勞動力的印度人後代。但如果要問斐濟人和印度裔居民是否能和平的共存共榮，那麼很遺憾的，事實上並沒有。

印度裔居民占四成，但僅擁有二％土地

許多被送到斐濟的印度人，主要還是靠甘蔗產業建立起經濟能力。斐濟人

當然對此不樂見。另一方面，斐濟在政治層面一直對斐濟人採取優待措施，因此印度裔的居民便開始主張自己的權利。實際上在斐濟，**印度裔居民在總人口裡大約占四成，擁有的土地卻僅占國土的二%**。

這樣的狀況，造成斐濟人和印度裔居民之間的緊張關係。過去印度裔居民有好幾次發動政變，但都沒有成功。

因此斐濟開始採取平等教育、給予同等勞動機會、改善貧富差距等政策，期望達到民族間的融合。或許是達到了成效，近年來斐濟人和印度裔人民的關係逐漸改善。二〇一三年頒布的新憲法，規定無論出身為何，全部都要被視為斐濟國民。

不過在印度裔的居民當中，越來約多人擁有專業知識，且**運用原本是英國屬地，通用語言是英語的強項，向外移居到澳洲、紐西蘭、美國和加拿大等英語文化圈**。目前斐濟的印度裔居民大約是四〇%，但過去印度裔居民也曾超過五〇%。如今，斐濟的蔗糖產業有縮小的傾向，根據聯合國糧食及農業組織的統計，其產量在過去的三十年間減少了六〇%。

4 突尼西亞政變，起因是缺糧？

在世界上流通、交易的糧食百百種，但流通量規模最大穀物，非小麥莫屬。由於小麥的狀況，在這兩年左右，世界的糧食狀況出現了劇烈的變化。下頁圖表4-7是各國小麥生產量的排行。

小麥究竟發生了什麼樣的狀況？新聞已經有許多報導，所以應該有很多人理解，那麼就讓我們參考以下的事實，把整個狀況看得更明確。

二〇二二年二月二十四日，俄羅斯開始侵略烏克蘭；二〇二二年九月，巴基斯坦遭到大規模洪水侵襲。關於小麥產量，我們再一次看圖表4-7，就會發現俄羅斯是第三名、烏克蘭第六名，巴基斯坦是第八名。

俄羅斯和烏克蘭是寒冷的國家，因此主要的作物是冬小麥（秋天播種、度

圖表 4-7　各國小麥生產量的排行（單位：公噸）

排行	國名	2021 年
1	中國	136,946,000
2	印度	109,590,000
3	**俄羅斯**	76,057,258
4	美國	44,790,360
5	法國	36,559,450
6	**烏克蘭**	32,183,300
7	澳洲	31,922,555
8	巴基斯坦	27,464,081
9	加拿大	22,296,100
10	德國	21,459,200

▲ 因 2022 年俄羅斯侵略烏克蘭、巴基斯坦遇到水災，小麥產量難回到 2021 年以前的水準。

（資料來源：聯合國糧食及農業組織統計〔2021 年〕。）

過一個冬天，在初夏收成的小麥）。而巴基斯坦則是在十月播下小麥的種子。

由於俄羅斯是在二〇二二年二月開始侵略烏克蘭，而巴基斯坦是在二〇二二年九月遇到水災，也就是說，烏克蘭和巴基斯坦的部分地區，在二〇二二年幾乎無法播種小麥。烏克蘭的情勢完全看不到終點，**因此二〇二三年的耕種**

就很難回到二〇二一年以前的水準。

撇除中國和印度等國內需求量很大的國家，多數小麥生產國同時也是小麥出口國。烏克蘭、巴基斯坦這些世界性的小麥生產國不能播種的話，就意味著**對世界市場的小麥供給量減少，由於供需失衡造成小麥價格高漲**。我們很容易就能理解這個道理，而事實的狀況也變得如此。

值得慶幸的是，日本進口的小麥來自美國、加拿大和澳洲，因此即使俄羅斯侵略烏克蘭，再加上巴基斯坦的洪水，都還不會讓日本立刻就陷入小麥供應鏈斷裂的狀態。

不過，過去從俄羅斯、烏克蘭和巴基斯坦進口小麥的國家，就須從其他國家進口小麥。由於供需失去平衡，因此無法避免價格上漲。美國的芝加哥是進行穀物貿易的全球性據點，這裡的期貨交易相當發達，前面提到的狀況，無可避免的會導致期貨行情上漲。而與這個情勢有所呼應，日本的小麥價格也跟著上漲。

「吃不吃得飽」的不安，造成民主化運動

「茉莉花革命」是二〇一〇年到二〇一一年發生在突尼西亞的民主化運動（按：為阿拉伯國家中第一場因人民起義，而導致推翻現政權的革命）。由此引發的「阿拉伯之春」，其實也和小麥有關聯。

俄羅斯的小麥出口，最大的顧客是埃及（見左頁圖表4-8）。埃及幾乎不生產小麥，但「皮塔餅」（Aish Baladi）這種圓形的麵食，以及埃及的國民美食「庫莎麗」（Koshary）等使用小麥的料理，都很常見於餐桌上。進到埃及一億人口肚子裡的小麥，大都來自俄羅斯和烏克蘭。埃及是非洲最大的小麥進口國，而滿足這項需求的，就是俄羅斯和烏克蘭這兩個國家。

儘管規模比不上埃及，但在中東也有國家和埃及並列，十分仰賴俄羅斯的小麥。這個國家就是突尼西亞。但在二〇一〇年，來自俄羅斯的小麥供應出現了異常。

二〇一〇年，**俄羅斯遭遇了異常的高溫與乾旱。此現象也導致小麥的收成**

圖表 4-8 俄羅斯的小麥運輸路徑

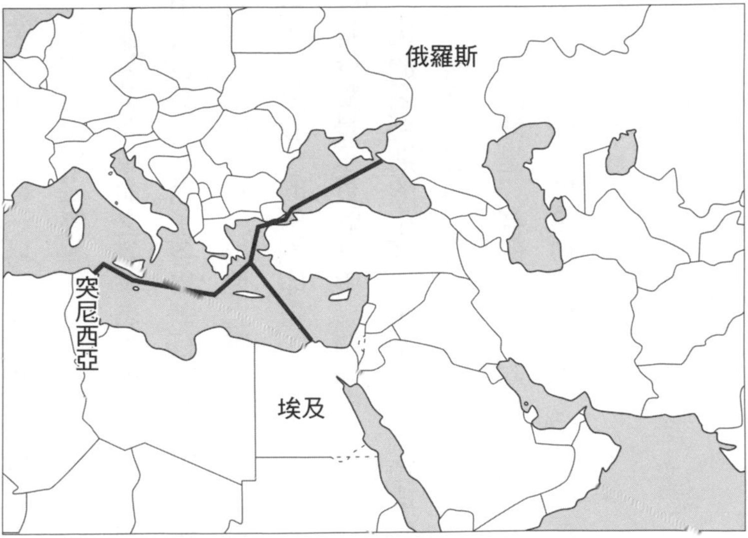

大幅減少。而俄羅斯政府為了穩定國內的糧食供給，限制了小麥的出口量。而這也導致全球小麥價格高漲，依賴俄羅斯進口的國家國內的糧食價格上升。

這個現象在突尼西亞也不例外。突尼西亞糧食價格的高漲，造成了社會的不安，又加上了年輕人失業率上升、政治的壓抑等多項過去的問題，引發了茉莉花革命。因此，小麥也可說是革命的其中一個遠因。

茉莉花革命是一場重要的政變，終結了突尼西亞的獨裁政權，甚至又發展到之後的阿拉伯之春。

在茉莉花革命之際，名為穆罕默德・布瓦吉吉（Mohamed Bouazizi）的青年引火自焚，震驚了各界，日本當時也有報導這則新聞。或許也因為如此，人們對茉莉花革命和阿拉伯之春，有「中東各國的青年為了打倒獨裁政權，獲得民主化而起義」的強烈印象。

這確實是事實的其中一個面向，但並非全貌。

由於俄羅斯的小麥供應量減少，造成食物的價格上漲，人們對吃不吃得飽產生了擔憂。這和二〇一九年由於糧食價格的高漲，引發民怨，發生了抗議行動的蘇丹政變是一樣的。「不吃東西就活不下去」，這種動物生存時最根本的需求，成為民主化運動的導火線。這也是一個不爭的事實。

5 東協，因「反共」而聯手

東協（Association of Southeast Asian Nations，縮寫為ＡＳＥＡＮ，東南亞國家協會）是由泰國、印尼、馬來西亞、菲律賓、新加坡等五國，在一九六七年透過締結《曼谷宣言》（也稱為《東協宣言》）而結盟。

冷戰時期，東協成立時，有一個政治目的——在東西雙方陣營的對立下，團結起來反抗共產主義。**當時的東南亞擔憂會因共產主義的擴大而受到影響**，因此共同抵禦、共同維護國家安全，成為他們最大的課題。也就是說，明確採取區域內各國主導的形式，並將追求地區的安定化和和平與安全視為目標。

其中，泰國扮演了中心的角色。**泰國是東南亞中，唯一沒有經歷過殖民統治的國家**。當周遭的各國都受到歐美列強統治時，泰國維持了獨立，擔負起維

圖表 4-9　東南亞至南亞各國的舊宗主國和泰國

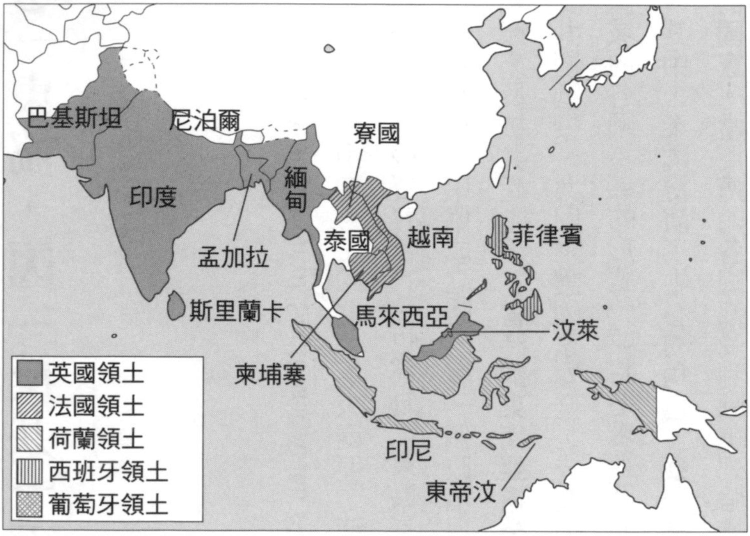

▲ 泰國是東南亞中，唯一沒有經歷過殖民統治的國家。

持地區平衡的角色。看看周邊國家的舊宗主國，就會發現泰國也可被看作是英國和法國的緩衝國。這可說是泰國的地理性優勢所造就的歷史背景（見圖表4-9）。

在這樣的歷史脈絡和地理條件下，泰國在東協的設立和發展過程中，也扮演了核心的角色。

一九八四年，脫離了英國和平獨立的汶萊加入東協，接著在一九九一年蘇聯瓦解後，又有新的國家加入，東協逐漸擴大。

例如，越南在一九八六年開始了名為「革新（DoiMoi）政策」的經濟改革，讓稻米和咖啡豆的生產和出口都有所成長。建立了一定程度的經濟力後，也讓越南在蘇聯瓦解後，在一九九五年能加入東協。

接在越南腳步後面的，還有寮國（一九九七年）、緬甸（一九九七年）、柬埔寨（一九九九年），目前的成員國有十個國家。接著在二〇二二年，長久以來申請加入的東帝汶也終於達成承認的協議，預計今後會成為正式成員國。

6 簽訂貿易協定，是福還是禍？

在與他國簽訂貿易協定時，地理條件也會有所關聯，這並非什麼罕見的事。貿易協定是什麼？相信大家有聽過ＦＴＡ、ＥＰＡ，這些具體上是什麼？彼此又有什麼不同？

就讓我們從這個點開始談起。

自由貿易協定（ＦＴＡ），主要是透過降低或減免關稅，來消除貿易壁壘，促進國際貿易。重點在於貿易自由化，而降低關稅和貿易配額等貿易壁壘，可以擴大與國內外市場的連結，增加進出口。

另外，關於經濟夥伴關係協定（Economic Partnership Agreement，簡稱ＥＰＡ），除了ＦＴＡ貿易自由化的要素之外，還會在服務貿易、投資、智慧財產權、政府調度、環境與勞動問題、競爭政策等廣泛的領域，藉由多國之間的合作來決定。以此期待能達成整體經濟的活化，並提升國際競爭力。

總結而言，EPA比FTA囊括的範圍更廣，目的並不僅是貿易，更要加深整體經濟的連結與合作。

在此我想探討與日本簽訂EPA的兩個國家——新加坡和墨西哥。儘管同樣是EPA，也因為兩國的地理條件，在簽訂之前的脈絡，以及簽訂之後的動向有所不同。

日本在二〇〇二年與新加坡簽訂了EPA，這是日本首次簽訂EPA，因此很順利的就談到簽訂協定這一步。新加坡是全球屈指可數以貿易立國的國家，對日本而言也是重要的貿易對象。在EPA當中，協議了兩國之間關稅大幅降低、投資自由化、保護並強化智慧財產權等項目。

日本與新加坡非常順利的締結了EPA，之後在運作時也沒有產生什麼問題，因為在貿易層面，兩國的利益衝突很少。儘管關稅大幅降低，國內企業的競爭力相對的也會下降，但新加坡和日本之間，不太容易產生這樣的摩擦。

例如，**日本和新加坡在農業方面，都沒有主力的出口品項**。也就是說，即使農產品的關稅大幅降低或減免，從新加坡進口的便宜農產品並不會對日本的農家造成打擊，反過來也是如此。這也是兩國之所以順利的簽訂ＥＰＡ的原因之一。

另一方面，日本和墨西哥在二〇〇五年簽訂了ＥＰＡ。不過卻和與新加坡簽訂時完全不同，進展得相當困難。

這是因為墨西哥對日本的出口產品當中，豬肉、蔬菜水果等農作物的占比很高，很有可能會因為ＥＰＡ而對日本的農家造成打擊，因此協調花了相當多的時間。最後藉由僅限一部分的農產品項得以降低關稅，達到最終的妥協。

與墨西哥簽訂ＥＰＡ，打開新銷路

事實上，與墨西哥簽訂ＥＰＡ，對日本來說並非一樁壞事。

墨西哥當時和加拿大、美國之間，簽訂了北美自由貿易協議（North

American Free Trade Agreement，簡稱ＮＡＦＴＡ），目前也有後續的美墨加協議（United States–Mexico–Canada Agreement，簡稱ＵＳＭＣＡ，美國－墨西哥－加拿大協定）發揮著功效。

因此，日本與墨西哥的ＥＰＡ，不僅可以為日本打通墨西哥的銷路，甚至有機會能**擴大從墨西哥通往美國和加拿大的銷路**。目前日本也有一些汽車製造商將生產據點建立在墨西哥，因此這對日本的製造業和服務業來說，尤其能創造出很大的機會。墨西哥的人口在二〇〇五年的階段，就已經超越一億人（據聯合國統計，**二〇二二年墨西哥的人口是一億兩千七百五十萬人**）。考慮到這一點，墨西哥市場可說是有著相當大的魅力。

7 為了爭石油，外國介入奈及利亞內戰

說到石油，很多人會想到中東地區。

不過中東的局勢因石油權益的關係而複雜化，這在前面一章也探討過了。在此節，我想把焦點放在非洲的奈及利亞。事實上，奈及利亞也有一段因石油而引起紛爭的歷史。

奈及利亞是位於西非的國家，有時又被稱為「人造地區」。脫離英國獨立後，當時這個國家只有北部州、西部州和東部州三個部分，各個州的語言、邊境、教育、社會結構都有所不同。之後又再細分，成為現在的三十六個州，國內存在著兩百五十、甚至到三百個民族，不過有三個民族占大多數（見第二三一頁圖表4-10）。

奈及利亞北部主要是「豪薩族」，西南部多是「尤魯巴族」，東南部多「伊博族」。豪薩族和尤魯巴族大都信奉伊斯蘭教，伊博族則是信奉基督教。

一般的豪薩族指的是「以豪薩語為母語的人」，不過實質上其中又有許多不同的民族。由於他們信仰伊斯蘭教，國家是透過既有的酋長來進行間接統治，因此儘管是在英國統治時期，也沒有接受西歐的價值觀。

另一方面，伊博族所生活的東南部，有很多嗤嗤蠅，由於其危險性，所以當初並沒有被納入說豪薩語的族群當中。而在英國殖民時代，此地是藉由皇家尼日公司直接統治，因此西歐的價值觀得以在此普及。最終，這也使得**伊博族要比其他民族優先接受高等教育**，在奈及利亞當中，伊博族有許多人都能獲得較為專業的職業。

此外，**伊博族人也很擅長商業貿易，因此被稱為「黑色的猶太人」**。不過這也造成其他民族對他們產生嫉妒。

儘管如此，唯有在提到非洲時，普遍會用「部落」這個名詞，這又是為什麼？當我們在說舊南斯拉夫的瓦解時，儘管我們用的是「民族對立」，說到非

圖表 4-10　奈及利亞多數派的三大民族分布

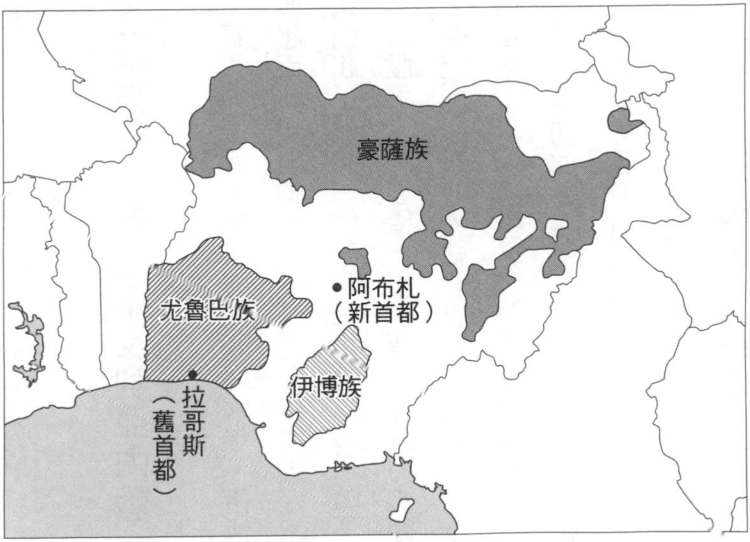

▲ 伊博族比其他民族優先接受高等教育，且擅長商業貿易，被稱為「黑色的猶太人」。

（資料來源：澳洲政府外交貿易部「DFAT 國別資訊報告書奈及利亞」〔2020 年〕。）

洲的民族對立，我們用的卻是「部落對立」。這其中，或許也是因為底子裡就有著歐洲對非洲的輕蔑。

在一九六七年，許多伊博族所居住的東部州宣布脫離，並獨立成立「比亞法拉共和國」。以此為導火線，爆發了奈及利亞內戰（亦稱比亞法拉戰爭）。

獨立的慾望，促成奈及利亞內戰

其背景是前一年，即一九六六年，伊博族的軍人發動軍事政變，而豪薩族則發起反政變運動。也就是說，伊博族好不容易發起的政變卻遭到顛覆，對此人民引起了反動，伊博族人想獨立的意願高漲，成為比亞法拉共和國的宣言。

這股獨立的慾望，和**伊博族在勢力範圍之內發現了石油礦**有很大的關係。如果能挖掘出石油，就能成為一個石油生產國而獨立，光靠自己也能憑著石油的生意活下去。這樣反倒能過得更富裕。

在戰爭初期階段，伊博族的比亞法拉軍在短期間內建立了軍事上的優勢，並在宣布獨立宣言後的幾個月，就占領了奈及利亞的部分領土。但到了一九六八年，同樣是伊斯蘭教徒的豪薩族人和尤魯巴族人聯合起來，組成奈及利亞軍隊開始發起反攻，逐漸壓制住比亞法拉軍。

一九六九年，比亞法拉的領土又更加縮小。國際性的支援有限，因此比亞法拉的糧食短缺非常嚴重。儘管國際社會展開了救援行動，但其支援並不充分，很多人，包含小孩在內，都因饑饉而喪失性命。

奈及利亞內戰中，是以豪薩族（主要是北部出身）為主的奈及利亞軍，和伊博族（主要出身東南部）為主的比亞法拉軍雙方的戰爭。

在戰爭中，出現了兩軍對市民的攻擊和虐殺，不過其中最讓人過意不去的，就是奈及利亞軍對比亞法拉地區的經濟封鎖。其結果導致嚴重的食糧短缺和醫療用品不足，讓許多伊博族的人民苦於飢餓。

一九七〇年一月，比亞法拉共和國終於降伏，長達兩年半的內戰也終於告一段落。戰爭的犧牲者高達數十萬人到兩百萬人，有許多人都是平民百姓。

戰爭後，奈及利亞政府為了達到民族間的融合與統一，推動了許多政策，但民族之間的對立和不信任，並沒有完全消除。

在買賣奴隸的時代裡，甚至還進行過黑人狩獵黑人的行為，說不定也有這樣的歷史性對立。之後因為伊博族人建立起經濟實力，並在教育和商業領域有傑出的表現，招來了豪薩族等其他民族的敵對心理。他們的憎恨和對立的歷史，或許有著很深的根源。

奈及利亞內戰也可以說是憎恨與歷史對立的一部分，不過實際上其他國家在這場內戰當中也扮演著不同的角色。

當奈及利亞內戰爆發時，**英國和蘇聯表示支援奈及利亞軍，而法國和南非共和國則支持比亞法拉共和國**。

蘇聯之所以會支持奈及利亞軍，是因為他們在非洲完全沒有殖民地，因此不懷好意的想著：「只要支持奈及利亞，說不定就能獲得什麼好處。」另一方面，英國是奈及利亞的舊宗主國，要改變過去殖民地的現狀，並不會收到當地的歡迎，因此他們認為要阻止伊博族獨立，而支持奈及利亞軍。

以奈及利亞內戰為契機，法國和南非改變了能源策略？

另一方面，**支持伊博族的法國和南非共和國，目的就是奈及利亞東部的石**

油資源。

對非石油生產國的法國來說，會想找到一條比其他國家更有利的道路來確保石油。同樣是非石油生產國的南非共和國，因為種族隔離政策而遭到國際社會的批評，因此在獲取石油上，很難獲得他國的協助和通融。

因此，這其實也是一場以石油為背景的伊博族人獨立戰爭。支持伊博族最終獲勝的話，就能取得石油的利益——這兩國把賭注押在比亞法拉共和國上。不過到最後，比亞法拉共和國慘遭失敗。

計畫完全失敗的法國，為了要和中東地區以及北非的石油生產國加強關係，甚至更加推動建設自家的核能發電廠，自己出資來製造能源。由於無法保證穩定的原油供給，法國國內的核能發電比例，逐漸成為世界最高。其中一個原因就是原本看好比亞法拉的石油，而從後方支援他們，他們卻失敗了。

另外，南非共和國在奈及利亞內戰後，逐漸致力於從非洲大陸確保石油資源，並運用自己國家豐富的煤炭資源，建設發電設備，企圖建立穩定的能源供應。南非共和國內有著龍山山脈，這是一條古生代造山帶山脈，能生產豐富的煤礦。

南非共和國除了煤炭之外，鐵礦含量也相當豐富。由於能生產鐵，南非共和國的土地可說是非常適合生產汽車。

對國外的汽車製造商來說，**南非的勞動力便宜，而且原料可以在當地取得**。就算在勞動力非常便宜的國家建立工廠，如果還要從其他的國家進口原物料，那成本還是會提高。因此，能在當地取得原物料的工廠，就是一項很大的魅力。

此外，在種族隔離後，因經濟成長造成汽車購買層擴大，這項需求對國外的汽車製造商來說也是很大的優點。看看在南非共和國生產的車輛（五十五萬五千八百八十九臺）中，在當地銷售的數量（五十二萬九千五百六十二臺）占了約九五％，就能知道這個狀況（二〇二二年，世界汽車工業國際協會〔OICA〕調查）。

目前**德國的 BMW 蓋的第一座海外工廠，就位於南非共和國**。除此之外，還有英國、荷蘭的汽車製造商，也都在南非共和國設立了工廠。

日本的汽車製造商，例如，豐田汽車、日產汽車，特徵是生產量龐大。此外，五十鈴汽車則是在南非的工廠生產新型的輕便客貨兩用車，並決定銷售的對象是包含南非共和國在內的南非各國，總計三十四個國家。為此，在二〇二二年五月，已經投入了總計四十七億日圓（按：依二〇二四年七月初匯率計算，一日圓約等於新臺幣〇．二一元）到南非共和國，以支援貿易往來戶。

把話題拉回能源策略，南非共和國正在推動再生能源的引進和技術開發。尤其是太陽能發電與風力發電，都受到世界性的矚目。

探討奈及利亞內戰時，如果只看奈及利亞的狀況，會覺得這是一場由於「民族對立」這個歷史的淵源所引發的內戰。但再加上伊博族人在勢力範圍內找到石油這個地理條件，並以國際性的角度來看，那就可以發現，這也是一場會對其他國家的能源政策，有著很大影響的戰爭。

8 南非種族隔離政策，冷戰結束才廢止

埃及的蘇伊士運河於一八六九年開通。這對英國來說是非常剛好的事。

我之所以會這麼說，是因為英國在一八五八年開始，實質上將印度作為殖民地。在蘇伊士運河開通之前，英國要到印度洋，就須從大西洋繞到非洲的南方繞一大圈，除此之外沒有路徑可以抵達印度。因此，英國從一七九五年開始殖民好望角（開普敦）在當時是有意義的。

接著**隨著蘇伊士運河的開通，打開了從地中海經由蘇伊士運河到紅海↓印度洋的道路，從英國到印度的航行時間就縮短了大約一半**。

英國在一八八二年將埃及視為實質上的保護國，接著又在一八九九年和埃及共同管治接壤的蘇丹。

請看左頁圖表4-11，確認兩國的位置關係。你看了地圖後，就能了解蘇伊士運河對英國來說有多重要。**英國之所以管理與統治埃及和蘇丹，目的就是為了要安全的運用蘇伊士運河，以及其連接的紅海**。

接著，英國又對南非出手。英國只要掌握了蘇伊士運河，去印度就不須先繞道去南非。而英國之所以對南非有野心，基於以下的理由：

- 想要南非的資源：南非有很豐富的金礦和鑽石等天然資源，一八八六年，川斯瓦共和國在約翰尼斯堡發現金礦後，經濟就急速的成長。一般的看法都認為，英國就是想掌控這些資源。
- 在列強「瓜分非洲」的競爭當中想獲得勝利：這在十九世紀後半被稱為「瓜分非洲」。歐洲列強在非洲競爭殖民地，英國也試圖擴大在整個非洲的影響力。光是掌握了蘇伊士運河，確保有效率抵達印度的航路，還不足以滿足英國的野心。
- 想穩定對殖民地的統治：蘇伊士運河開通後，英國統治了南非，企圖確

圖表 4-11　蘇伊士運河開通後，英國與印度間的航路縮短約一半

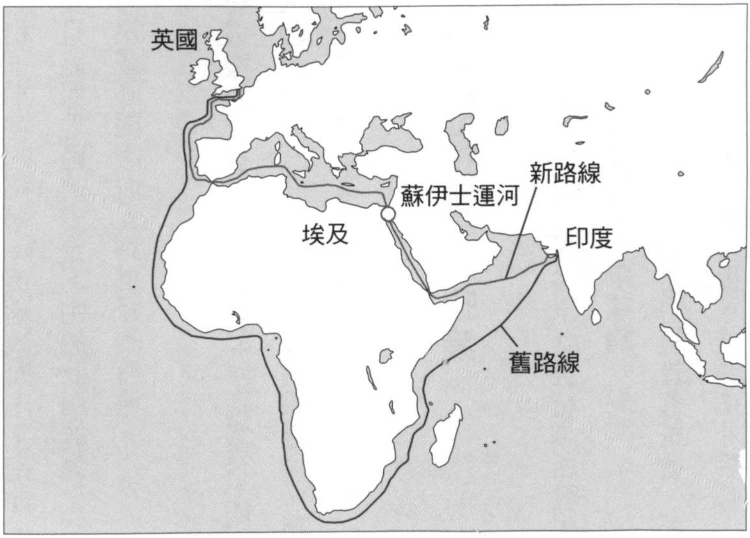

保到印度的海上路徑。只要能統治大片南非土地，就能在大西洋和印度洋之間維持戰略性的據點。也就是說，英國想確保海上航路，以鞏固非洲大陸上的殖民地體制。

・想保護英國的移民：當時有很多英國人移民到南非。但荷蘭裔移民在南非建立了奧蘭治自由邦和川斯瓦共和國，他們在奧蘭治自由邦和川斯瓦共和國的統治之下，受到了歧視和不平等的待遇。英國政府出手南非，就是想保障英國移民的權利和利益，並且確保地區的安定。由於此舉能弱化荷蘭裔移民在南非的統治力，因此英國移民或許能因而受到更好的待遇。

在這樣的背景下，一八九九年爆發了南非戰爭（第二次波耳戰爭）。在一八八〇至一八八一的第一次波耳戰爭中，奧蘭治自由邦和川斯瓦共和國擊敗了英國，但在第二次波耳戰爭中輸給了英國。因此兩國最終都被英國統治。

優待白人的種族隔離政策

本書為什麼會在此討論十九世紀末所發生的戰爭？這是因為想了解接下來的現代史，這段歷史就不可或缺。

一九一〇年，英國統治的開普殖民地、那塔爾殖民地、奧蘭治自由邦和川斯瓦共和國這四個地區合併，成為南非聯邦。接著在一九六一年，又廢止了聯邦制，建立了單一的主權國家南非共和國。

說到南非共和國，很多人就會聯想到種族隔離政策。這是始於一九四八年，優待白人的種族隔離政策，這個政策和第二次波耳戰爭有著密切的關係。

南非戰爭以結果來說，儘管非洲人敗給了英國人，這場戰爭卻強化了他們的自我認同。透過與英國的戰爭，他們之間產生了「我們這些荷蘭人移民（白人）要在南非生存下去」的獨特性與團結心理，最終也演變成支持種族隔離政策的心理。

不須我特別說，種族隔離政策是一種非人道的政策，但直到一九九四年，也就是距今僅三十年前，這項政策都還存在，其實是有其地理上的理由。

在這裡，解讀的關鍵是**「冷戰」和「稀土金屬」**。

在冷戰時期，東西之間的交流是很困難的。在這樣的背景下，**南非共和國是西歐各國貴重的稀土金屬提供來源**。

先說結論：西歐各國因為想要南非的稀土金屬，所以就算實行了這麼過分的政策，也很難多說什麼。為了稀土金屬，西方各國也顧不了那麼多。而南非共和國也是認為，既然西歐各國想要稀土金屬，就算不能贊成這個政策，也請睜一隻眼閉一隻眼。態度非常強硬。

一九九一年，蘇聯瓦解，冷戰終結。東西雙方的交流比起以前變得容易，原本是稀土金屬供應地的南非共和國，價值就相對的降低了。

這麼一來，西歐各國就能光明正大的表明「種族隔離政策很不人道」，並對南非進行經濟制裁，因此南非共和國才決定廢除種族隔離政策。

如果知道這樣的脈絡，那麼就會知道**種族隔離政策在一九九四年，也就是冷戰終結後被廢止**，可說是歷史上的必然。

逃不了被大國擺布的命運

非洲是稀土金屬的寶庫，這是不爭的事實，而且這點至今也沒有改變。我們來看看日本經濟產業省資源廳資料整理的圖表4-12（見左頁），就會知道非洲的各個地方都蘊藏著礦產資源。

圖表 4-12 非洲資源和蘊藏狀況

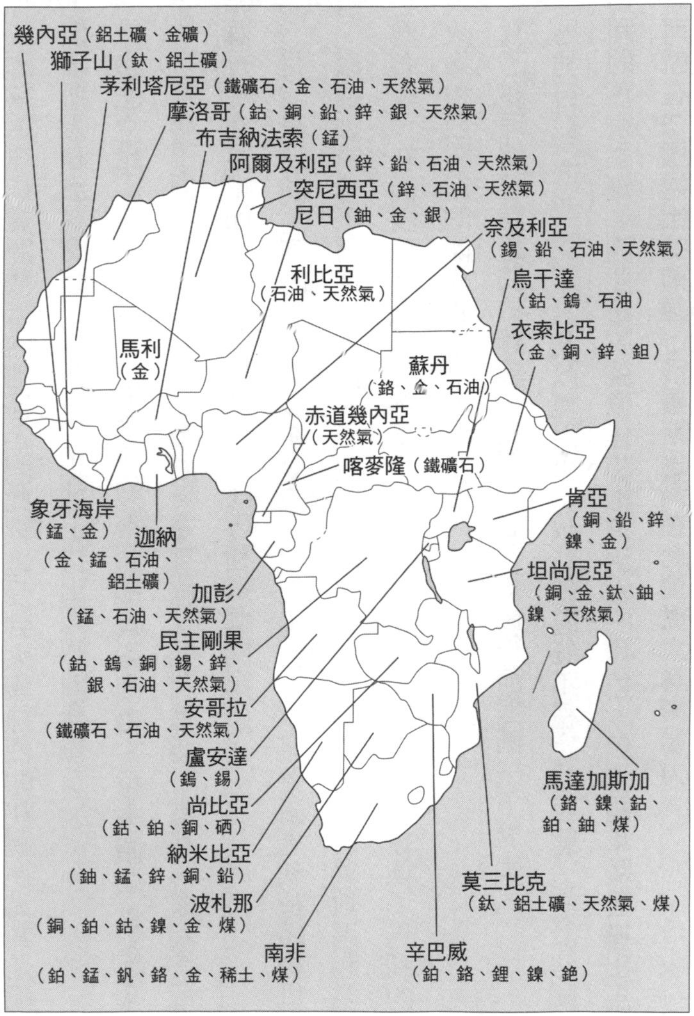
幾內亞（鋁土礦、金礦）
獅子山（鈦、鋁土礦）
茅利塔尼亞（鐵礦石、金、石油、天然氣）
摩洛哥（鈷、銅、鉛、鋅、銀、天然氣）
布吉納法索（錳）
阿爾及利亞（鋅、鉛、石油、天然氣）
突尼西亞（鋅、石油、天然氣）
尼日（鈾、金、銀）
奈及利亞（錫、鉛、石油、天然氣）
利比亞（石油、天然氣）
烏干達（鈷、鎢、石油）
衣索比亞（金、銅、鋅、鉭）
馬利（金）
蘇丹（鉻、金、石油）
赤道幾內亞（天然氣）
喀麥隆（鐵礦石）
象牙海岸（錳、金）
迦納（金、錳、石油、鋁土礦）
肯亞（銅、鉛、鋅、鎳、金）
坦尚尼亞（銅、金、鈦、鈾、鎳、天然氣）
加彭（錳、石油、天然氣）
民主剛果（鈷、鎢、銅、錫、鋅、銀、石油、天然氣）
安哥拉（鐵礦石、石油、天然氣）
盧安達（鎢、錫）
馬達加斯加（鉻、鎳、鈷、鉑、鈾、煤）
尚比亞（鈷、鉑、銅、硒）
納米比亞（鈾、錳、鋅、銅、鉛）
莫三比克（鈦、鋁土礦、天然氣、煤）
波札那（銅、鉑、鈷、鎳、金、煤）
南非（鉑、錳、釩、鉻、金、稀土、煤）
辛巴威（鉑、鉻、鋰、鎳、銫）

正因為這裡是資源豐富的地區，因此總是受到大國熱烈的注視。尤其是現在，俄羅斯正在虎視眈眈，想在這片土地上找出致勝的機會。

二〇二三年一月到二月，俄羅斯的外交部長謝爾蓋・拉夫羅夫（Sergey Lavrov）拜訪了南非共和國、史瓦帝尼、安哥拉、厄利垂亞、馬利、茅利塔尼亞和蘇丹。在本章節中，我要特別來談談馬利這個國家。

二月七日造訪馬利的外交部長謝爾蓋・拉夫羅夫，承諾要對馬利持續提供武器、派遣人員等軍事性的支援。表面上的理由是「為了協助薩赫勒地區和幾內亞灣各國，在面對恐怖組織的戰爭中能獲得勝利」，不過這也象徵了馬利的軍事政權和俄羅斯的關係正逐漸變得緊密。

為了要理解這趟造訪的意義，我們有必要稍微往前追溯一下歷史。

馬利自從二〇一二年發動政變以來，政情就處於不穩定的狀態，由於法國是馬利的舊宗主國，因此法國就擔任起維持治安的角色。但**法國軍隊已撤出馬利，而就在法國退出的前後，俄羅斯逐漸在此地擴大其影響力**。

首先，二〇一二年的政變，是由於以下的脈絡而產生。

在沙哈拉沙漠的周邊，有一群信仰伊斯蘭教的遊牧民族——圖瓦雷克人在此生活。由於在沙漠裡並沒有「國境」的概念，因此圖瓦雷克人便到處進行貿易，活動的範圍很廣。但當歐洲列強劃分國境後，他們就在各個國家當中成了少數民族。

二〇一一年，利比亞的卡達菲政權瓦解。以此為契機，在利比亞境內的圖瓦雷克人便進入馬利，並組成阿扎瓦德民族解放運動（National Movement for the Liberation of Azawad，簡稱ＭＮＬＡ）。ＭＮＬＡ占據了馬利北部，並做出獨立宣言，之後卻被伊斯蘭激進派組織「信仰衛士」（Ansar Dine）劫持，這時法國出手維持治安，因此紛爭陷入泥沼化。

有些人認為，法國軍隊駐留馬利北部真正的原因，是因為**馬利北部埋藏著大量的金礦**，且法國想持續開發當地的鈾礦。而且實際上，法國政府也公然支持ＭＮＬＡ，這也是既成的事實。法國可能想利用ＭＮＬＡ，來擊退伊斯蘭激進組織，接著成為「守護者」，看守蘊藏在北部的礦產資源。

而前面提到的奈及利亞內戰，法國當時也是看上伊博族居住地的石油權益，而支持伊博族的獨立。也就是說，法國行動的目的在於「握有礦產資源既得利益」，這是法國對待非洲各國的方式，也可說是一種「新殖民主義」。

但最終，法國進行的治安維持沒有改善馬利的狀況。馬利國內升起了一股反法的情緒，導致之後軍隊發動了政變。

二〇二一年十二月，法國軍隊決定從馬利的通布圖市撤退。前腳還沒走，俄羅斯後腳就接著來了。「就是因為法國人沒有好好的鎮壓伊斯蘭極端組織，所以才會產生混亂，接下來就換我們來統治吧！」私人軍事集團瓦格納就以這套方式來煽動反法的情緒。

二〇二二年二月，由於法國政府和馬利政府之間關係緊張，再加上瓦格納集團和西非各國決定交易，因此法國決定把軍隊撤出馬利。

實際上在二〇二一年九月，法國的軍務部部長弗洛朗絲・帕利（Florence Parly），就對馬利政府發出警告，希望馬利不要和瓦格納集團交易。她表示：「和瓦格納交易的行為，與法國從二〇一二年，長久以來對薩赫勒地區的治安維持工作相互矛盾。」不過最終法國還是退出了馬利，由俄羅斯取而代之。

二〇二三年二月，俄羅斯的外交部長拉夫羅夫造訪馬利時承諾：「會持續對馬利在軍事上的援助，並提供武器和派遣人員。」就是在這個背景下做出的發言。

找到政情不穩定的國家，就伸出援手：「讓我來救你吧！」這是過去俄羅斯和中國經常會使用的慣用伎倆。

近年來尤其是在撒哈拉沙漠周邊各國，瓦格納集團的影響力持續提升。大致上舉例，就有利比亞的反政府武裝組織利比亞國民軍、蘇丹、莫三比克等。

順帶一提，針對俄羅斯侵略烏克蘭，聯合國已經作出六次譴責的決議，在最近一次的二〇二三年決議裡，利比亞卻是投贊成票，而蘇丹、莫三比克則是棄權。

光是看結果，可能還不知道背後的原因；但閱讀過上述分析後，你大概就能從這些國家各自的立場來推測，利比亞為何會贊成，蘇丹和莫三比克又為何會棄權。

利比亞的贊成票，描繪出「政府」和支持反政府武裝組織的「俄羅斯」是呈現對立的狀態。相反的，蘇丹和莫三比克則是因為獲得俄羅斯的軍事支援，因此相對弱勢。儘管如此，要和西方各國對抗，完全和俄羅斯共生死，又實在太困難。在各種迫不得已之下，只好選擇「棄權」。

不過，可以推想俄羅斯的確是獲得了非洲礦產資源的開發權益。也就是說，非洲拜託俄羅斯協助維持治安，並且給俄羅斯礦產開發的權益來當作報償，而俄羅斯很有可能藉由民間的軍事企業，派遣戰鬥人員到非洲。

俄羅斯就是看準了因政情不安而出現的「空隙」。而過去，打著這個算盤的則是法國。無論過去還是現在，非洲都難逃被大國擺布的命運。

9 南美洲，全世界五〇%以上的鋰礦蘊藏於此

對抗全球暖化已經是人類共同的課題，各國都致力於解決這個問題。因此在汽車產業界，眾人的焦點就從會產生大量二氧化碳的汽油車，逐漸轉向對環境較友善的電動汽車。

以我個人的角度來看，之所以會逐漸轉換到電動汽車，其背景是因為先進大國經歷了數度的石油危機，這些國家可能認為，「今後的世界能源情勢，不想再受到石油生產國的擺布」。不過我們先撇除這點不談。

在製造電動汽車時，須生產電池，而在製作電池的過程中，須使用大量的鋰。至於問到哪個國家是鋰的供應國，到目前為止澳洲的生產量是壓倒性的第

一名。但隨著汽車的需求轉換到電動汽車，對鋰的需求也跟著提升，毫無疑問的，其他有鋰礦藏的國家，也會越來越受到關注。

「鋰三角」，鋰資源占全球一半

如果注意礦藏量，那麼今後南美大陸上的各國——具體來說像**玻利維亞**、**智利**、**阿根廷**，就很有可能會成為澳洲的敵手。

連接這三個國家所形成的**「鋰三角」（見左頁圖表4-13）**，**境內有許多鹽水礦床**，**當中埋藏著豐富的鋰礦**。根據美國地質調查局（United States Geological Survey，縮寫為ＵＳＧＳ）的數據，此處的埋藏量大約有八百八十萬噸，**推測全世界大約有五〇%以上的鋰礦都蘊藏於此**。

縱斷南美大陸西部的安地斯山脈，是因為西邊的納斯卡板塊俯衝上面有南美大陸的南美板塊，並且往下沉而形成。由於兩塊板塊相互擠壓，過去是海洋的地方就在盛著海水的狀態下隆起，因此這個地區有很多鹽水湖。

圖表 4-13　鋰三角和安地斯山脈

▲ 根據調查，全世界 50% 以上的鋰礦都蘊藏於「鋰三角」。

不過想採集鋰礦，還有其他的課題。

為了採集鋰礦，就須抽取大量的地下水，因此可能會造成這個地區水資源的枯竭。此外，採集鋰礦也有可能會破壞自然環境，以及伴隨而來的惡劣勞動條件等，這些都是待解的問題。從各種層面來看，須找出能「永續」生產鋰礦的方式。

不知道各位知不知道，中國目前正急速的在

接近南美各國？

而這些國家當中也包含了玻利維亞、智利和阿根廷。中國藉由巨額的投融資，向許多國家設下債務陷阱，讓對方只能對自己唯命是從，我們其實已經在斯里蘭卡、巴基斯坦、非洲各國，都看過中國使出這個常見手法。看樣子中國也打算對形成「鋰三角」的各國使出這個手段。

我們能預見今後全球對電動車的需求會逐漸提升，而中國為了確保能開採南美的鋰資源，甚至很有可能會企圖獨占。

玻利維亞有全世界最大的鹽盤——烏尤尼鹽沼。該國政府聲稱烏尤尼鹽沼裡，埋藏了全世界七成的鋰資源。這片烏尤尼鹽沼也是觀光景點，相當受到觀光客歡迎，不過，由於採集鋰礦很有可能會破壞環境，所以此地區的居民也感到憂慮。如果政策轉向採集鋰礦的一方，那麼或許往後將無法再看到烏尤尼鹽沼的景觀。

此外，在二〇二三年一月，鋰三角的另一個國家智利的鋰礦開採權**被中國企業標下，之後又被智利的最高法院撤銷**。想當然，比起從觀光客手中賺錢，開採、販賣鋰礦所得到的錢，還要更多。

那麼究竟是要守護觀光資源，還是為了經濟發展不顧一切，轉而開採鋰礦？「鋰三角」今後的動向，仍值得我們持續關注。

10 單一作物經濟，是利還是弊？

不知道大家有沒有聽過**「單一作物經濟」**這個名詞？這是指一個國家的經濟仰賴一個或少數產業的狀態，例如特定的農產品或礦產等。換言之，單一作物經濟就是某個特定的產業當中，相當大程度依賴「有賺頭」的東西。而這也就意味著經濟上相當的脆弱。

如果仰賴一個或少數的產業，一旦世界經濟的動向或供需平衡、價格變動受到影響，導致這個產業的景氣惡化時，國家的經濟很有可能就會一口氣變得蕭條。

除此之外，集中在有限的產業，**會對環境造成很大的負荷**，以及勞動條件惡劣、資源枯竭等。從近年來被強調的「永續發展目標」（SDGs，聯合國於二〇一五年提出十七項核心目標，包含消除貧窮、促進永續的經濟成長、保育海洋生態等）的角度來看，單一作物經濟也有很多問題。

不過，東南亞各國長久以來都靠著單一作物經濟而運作，直到近幾年狀況才逐漸有了變化。隨著出口品項的增加，出現了想擺脫單一作物經濟的國家。

天然橡膠可製成汽車的輪胎和其他橡膠製品，被廣泛運用在許多產業當中，是從橡膠樹（或稱為巴西橡膠樹）採集製成。

橡膠樹的原產地是南美的亞馬遜河流域。巴西政府在當時就預見了汽車的普及化，因此將汽車輪胎的原料天然橡膠當作主力輸出品項，希望能引領國家的經濟成長。所以，巴西制定了禁止將橡膠樹攜帶出國外的法律。

東南亞的橡膠樹，來自巴西

但在十九世紀後半，**英國冒險家成功將橡膠樹的種子帶了出來，並且成功讓種子在倫敦發芽，又把樹苗帶到當時是英國殖民地的馬來西亞**。這麼一來，橡膠樹很迅速的就在整個東南亞擴散開來了。換句話說，這就是偷竊。

東南亞全區屬於熱帶氣候，相當適合栽培橡膠樹。尤其是馬來西亞、印尼、泰國，當橡膠樹的種子一來，很快的，天然橡膠生產量就占了全世界相當大的比例。

但就算天然橡膠是輪胎的原料，光是靠這一項作物，收入還是很不穩定。萬一出現了什麼原因，無法再種植橡膠樹、再採集天然橡膠，那麼農民的生活就會破產。這就是單一作物經濟其中一個很大的問題。

因此，馬來西亞和印尼開始種植油棕。而取自油棕的棕櫚油，可做成食品、化妝品、清潔劑、生物燃料，用途非常廣泛，近年來需求非常高。現在全世界使用最廣泛的植物油，並非芥花油，也非大豆油，而是棕櫚油。

儘管這麼說，但我們很少看到「棕櫚油」的標記。

就算我們觀察使用了人造奶油，或油脂的加工食品、甜點，包裝上幾乎也只會記載「植物油」，十之八九都是棕櫚油。這代表著棕櫚油的生產非常大量，出口和使用的量也都很大。

那麼為什麼會如此大量生產、大量消費棕櫚油？理由很簡單，就是因為**棕櫚油的生產成本低廉**，比起其他的植物油，從原材料的植物上能採取到的量是壓倒性的多。因此也能賣得更便宜。

印尼的熱帶雨林長年遭破壞

儘管棕櫚油生產效率佳、用途廣泛，但也有問題。擴大種植油棕的土地，**會破壞熱帶雨林。這不僅會造成生物的多樣性喪失，同時也會加速地球的溫室效應，讓環境問題更嚴重。**

目前全球棕櫚油的生產量，由馬來西亞和印尼獨占世界的第一和第二。

特別是坐擁兩億八千萬人口的印尼，消費的棕櫚油量，大約是全世界消費量的二五％。既然要大量供給自己國內的消費，又想外銷，那麼就須增加生產量，因此印尼砍伐熱帶雨林，擴大了種植油棕的土地面積。

大家平常漠然吃進肚子裡的植物油——人造奶油和加工食品、甜點等，都是在犧牲了廣大熱帶雨林的印尼生產、再被運到自己的國家。我並不是說這是「絕對的惡」，但我認為大家對於我們的生活是仰賴什麼東西而支撐，還是須有點了解。

你是否對任何事都漠不關心，還是會時不時思考：「這個食物是從哪裡來的？這個問題的背景是什麼？」從這些小小的疑問出發，以觀察整個地球的角度來回顧自己的生活？我認為這是一個分水嶺，區分人是否能鍛鍊觀察力和思考力。

國家圖書館出版品預行編目（CIP）資料

世界為什麼是現在這樣？：中國為什麼非要占領臺灣？俄羅斯打烏克蘭的真正理由？以巴衝突真的無解？打開地圖解釋歷史，世局演變你早能預見／宮路秀作著；郭凡嘉譯 .
-- 初版. -- 臺北市：任性出版有限公司，2024.08
272 面；14.8×21 公分 . --（issue；067）
譯自：現代史は地理から学べ
ISBN 978-626-7182-93-2（平裝）

1. CST：地理學　2. CST：現代史　3. CST：世界史

609　113006694

issue 067

世界為什麼是現在這樣？

中國為什麼非要占領臺灣？俄羅斯打烏克蘭的真正理由？以巴衝突真的無解？
打開地圖解釋歷史，世局演變你早能預見

作　　者／宮路秀作
譯　　者／郭凡嘉
校對編輯／連珮祺、張庭嘉
副 主 編／馬祥芬
副總編輯／顏惠君
總 編 輯／吳依瑋
發 行 人／徐仲秋
會　計　部｜主辦會計／許鳳雪、助理／李秀娟
版　權　部｜經理／郝麗珍、主任／劉宗德
行銷業務部｜業務經理／留婉茹、行銷經理／徐千晴、專員／馬絮盈、
助理／連玉、林祐豐
行銷、業務與網路書店總監／林裕安
總 經 理／陳絜吾

出 版 者／任性出版有限公司
營運統籌／大是文化有限公司
臺北市 100 衡陽路 7 號 8 樓
編輯部電話：（02）23757911
購書相關諮詢請洽：（02）23757911 分機 122
24 小時讀者服務傳真：（02）23756999
讀者服務 E-mail：dscsms28@gmail.com
郵政劃撥帳號：19983366　　戶名：大是文化有限公司

法律顧問／永然聯合法律事務所
香港發行／豐達出版發行有限公司　Rich Publishing & Distribution Ltd
地址：香港柴灣永泰道 70 號柴灣工業城第 2 期 1805 室
Unit 1805, Ph.2, Chai Wan Ind City, 70 Wing Tai Rd, Chai Wan, Hong Kong
電話：21726513　傳真：21724355　E-mail：cary@subseasy.com.hk

封 面 設 計／林雯瑛　內頁排版／吳思融
印　　　刷／鴻霖印刷傳媒股份有限公司
出 版 日 期／2024 年 8 月初版
定　　　價／新臺幣 420 元（缺頁或裝訂錯誤的書，請寄回更換）
I　S　B　N／978-626-7182-93-2
電子書 ISBN／9786267182918（PDF）
9786267182925（EPUB）

Gendaishi Wa Chiri Kara Manabe